JN056580

金運大全

仕事運 財運 勝負運が上がり、
たちまちお金がやってくる
160の方法

Love Me Do著

大和出版

はじめに

お金が束になってやってくる方法、教えます！

「神社で一生懸命お祈りしても、金運に恵まれない」

「ハデな生活はしてないのに、お金がたまらないのはなぜ？」

「電子マネーに切り替えてから、気がつくといつもお金がない」

お金って思い通りにならないなぁ……と思っている人、多いですよね。


突然ですが、あなたは、人に性格があるように、お金にも「人格＝金格」が存在することを知っていますか？

実は、お金には、次のような５つの性格があります。

1　自分のために使う見栄っ張りなお金
2　好きなもののために使う素直なお金
3　人のために使う奉仕精神のお金

4　自分の刺激のために使う好奇心旺盛なお金
5　自分のアイディアを形にするために投資するお金

これは、現金だけではなく、電子マネーにも当てはまります（詳しくは、本文の218ページ「電子マネーってどんな性格？」をご覧ください）。

ともあれ、この5つのバランスを取ることで、お金に支配される生活からは卒業できます。仕事運、財運、勝負運に恵まれて、お金に愛されて幸せな人生を歩むことができるのです。

この本では、そういった「お金の性格」をつかんでお金を引き寄せる方法をあますことなくお伝えしていきます。

たとえば、金運アップの「心の持ち方」や「ノウハウ」など、今日から実践できるものが盛りだくさん。たぶん、これまでの金運本には出てこないような、ちょっと聞くだけで「えっ？」と思うようなお話も出てきます。

ここで、本文の中からほんの一部を、ご紹介いたしますね。

「神社では住所氏名を名乗らない」「バナナを食べれば金運が上がる」「アップダウンのある道を歩く」「電子マネーの気持ちになって考える」「本や漫画を置く場

所でエネルギーが変わる」「スマホの待ち受け画面の賞味期限を知る」etc.

いかがでしょう？　「なぜそうなの？」と思われる方もいらっしゃるかもしれませんが、その理由を知れば必ず納得できるはず。

それだけでなく、あなたは、買い物のパターンが変わったり、スマホのアプリを大整理しはじめたり、人間関係を見直そうと決心するかもしれません。

何よりも、読む前と読んだ後ではお金に対する意識が変わるでしょう。

その結果、一番大事な**「お金とのつきあい方」**が変わっていくのです。

私のところには、「思わぬ臨時収入が！」「新しい仕事が来た！」など、金運が劇的にアップした人からの報告が日々届いています。

ほかにも、収入が跳ね上がったプロスポーツ選手や、仕事も結婚生活も順調なタレントさんたちからも、喜びの声をいただいております。

さあ、あなたもこの本に出会った今がチャンスです。本文を読んで、ひとつでもいいから即実行！　そしてお金に愛される人になってくださいね。

Love Me Do

金運大全 目次

第2章 お部屋編
――「ちょっとの工夫」でお金をぐいぐい引き寄せる

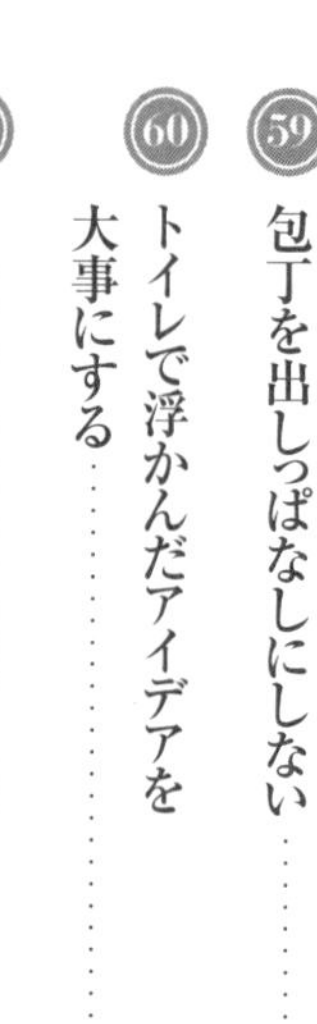

第3章 食べ物・暮らし編
――お金に恵まれる「おまじない」をかける

浮き沈みのある仕事には北東の玄関!

第4章 スマホ編
――たちまちお金に愛される「体質」になる

第5章 持ち物編
――お金が集まってくる「小物」を身につける

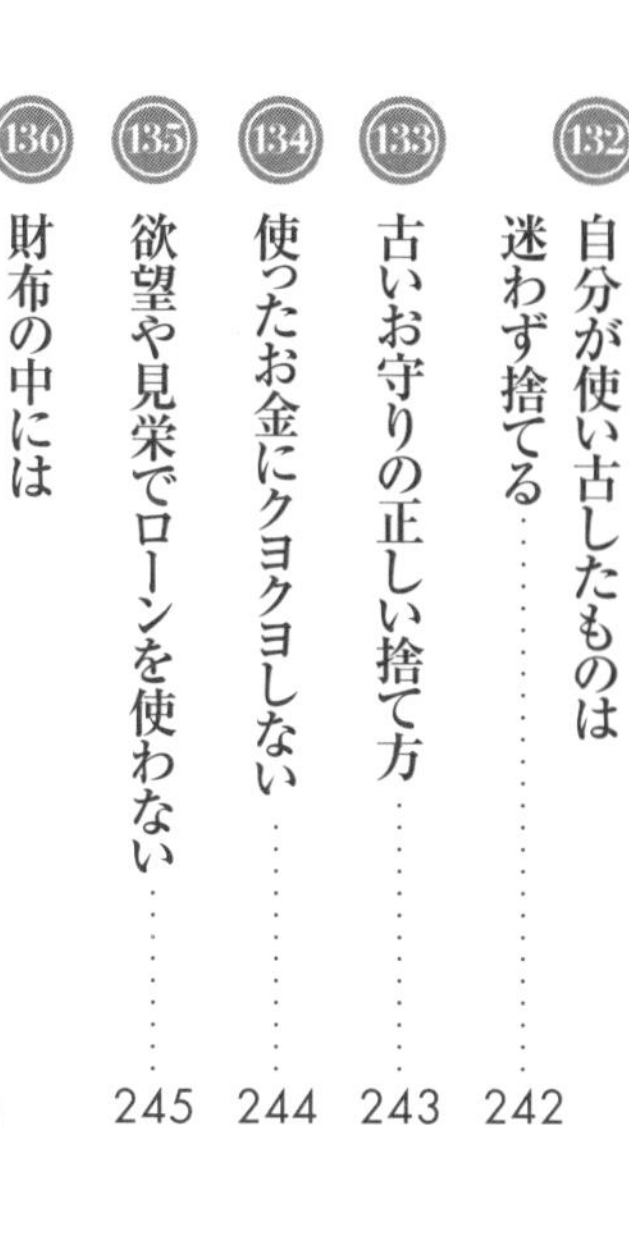

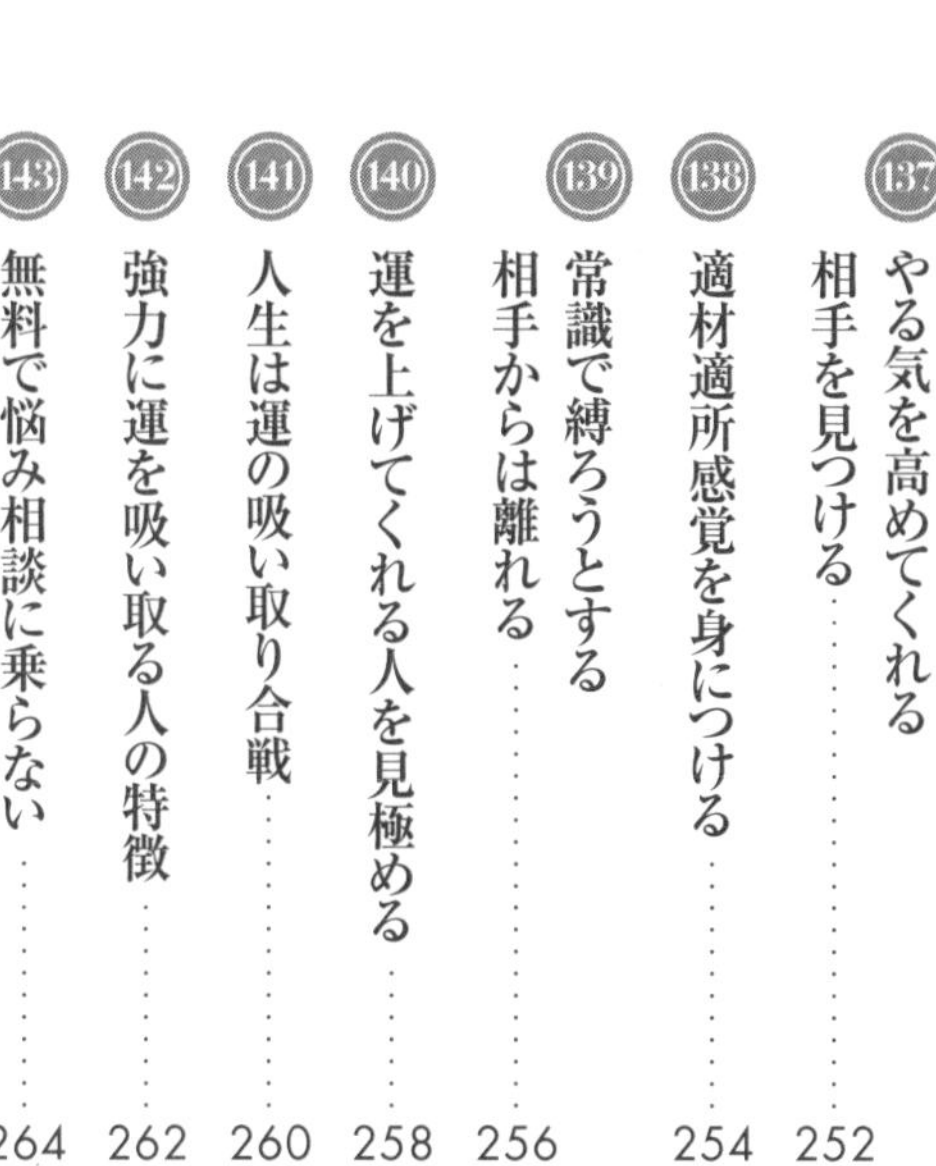

第6章 人間関係編

——お金と相思相愛になる「相性」を知る

本文イラスト　東口 和貴子
本文レイアウト　藤 星夏（ツー・スリー）
編集協力　長谷川 恵子
本文ＤＴＰ　白石 知美（システムタンク）

プロローグ

金運をあやつる「陰」と「陽」について

万物の循環や移り変わりの中に「お金」がある

この本では基本的に、お金や金運というものを「木、火、土、金、水」の5つの流れでとらえています。

はじめて聞く人もいるかもしれませんが、その根底にあるのは、東洋の運命学の基礎である「陰陽五行論」です。

陰陽とは、この世のすべての事象が陰と陽から成り立っているという考え方。男と女、表と裏、静と動というふうに、この世は相反するもの、プラスとマイナスのバランスによってできているという考え方です。

五行とは、存在するすべてのものを「木、火、土、金、水」という5つの要素に分ける考え方で、一つひとつに異なった性質と意味があります。

この五行は、互いにつながり合い、影響を与え合っています。

その中で、基本的にポジティブな影響を与えるもの同士の関係を「相生（そうしょう）」、ネガティブな影響を与えるもの同士の関係を「相剋（そうこく）」といいます。

では、私たちの金運のしくみを五行の関係で説明してみましょう。

木が主人公である自分だとしたら、自己表現してアピールすることで収入（火）になる。

その結果、お金の管理（土）が必要になったり、人とのかかわり（土）が増える。すると「この人にお願いしよう」と思ってもらえて、新しい仕事（金）が発生する。

仕事から名声（水）が得られる。名声は自分（木）をやる気にさせてくれる。

――こういう循環があるのです。

仕事は、「金＝斧」なので、自分自身（木）を傷つける存在。ストレスを与えられて、内面を削ってでもやらないといけないこともあるでしょう。

でも、同時に仕事は自分を鍛えてくれる力も持っています。

苦しい仕事に耐えると名声（水）が生まれたり、木を育てるようにあなたを応援してくれる上司（水）が現れます。

水は、収入（火）を弱らせると思いがちですが、実は刺激をくれる存在にもなります。

相生（そうしょう）

相手を生み出していく関係

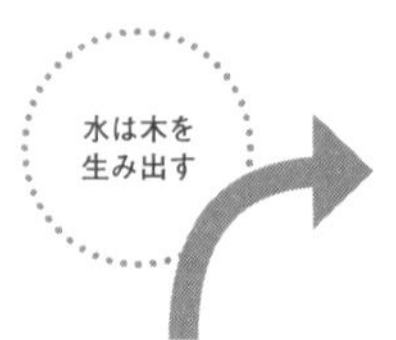

東・南東・青・緑・自分自身
酸っぱい・肝臓・神経

北・黒・地位・名声・知性・上司
インプットするもの・しょっぱい・
腎臓・膀胱・泌尿器系・髪

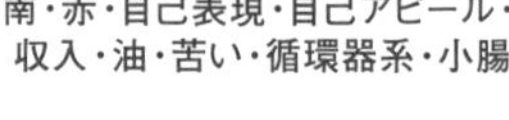

南・赤・自己表現・自己アピール・
収入・油・苦い・循環器系・小腸

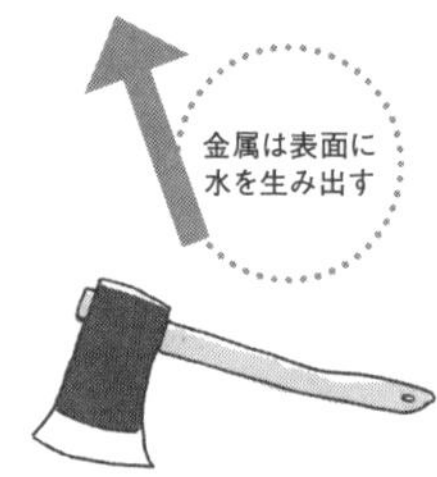

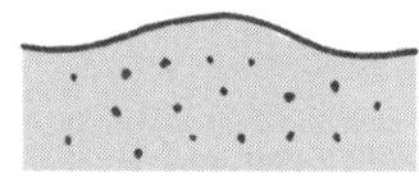

西・北西・白・仕事・攻撃性
辛い・免疫・肌・皮膚

北東・南西・黄・茶・ゴールド
財運・人気運・コミュニケーション・
ファン・票・甘い・胃腸・消化器系

141ページにあるように、肉は金（金行）に当たりますが、その中でも、上の五行に当てはめると、木→牛肉、火→鶏肉、土→ヘビ・モグラ、金→ラム肉、水→豚肉のように分類されます。

相剋（そうこく）

お互いが対立し、勝とうと争い合う関係

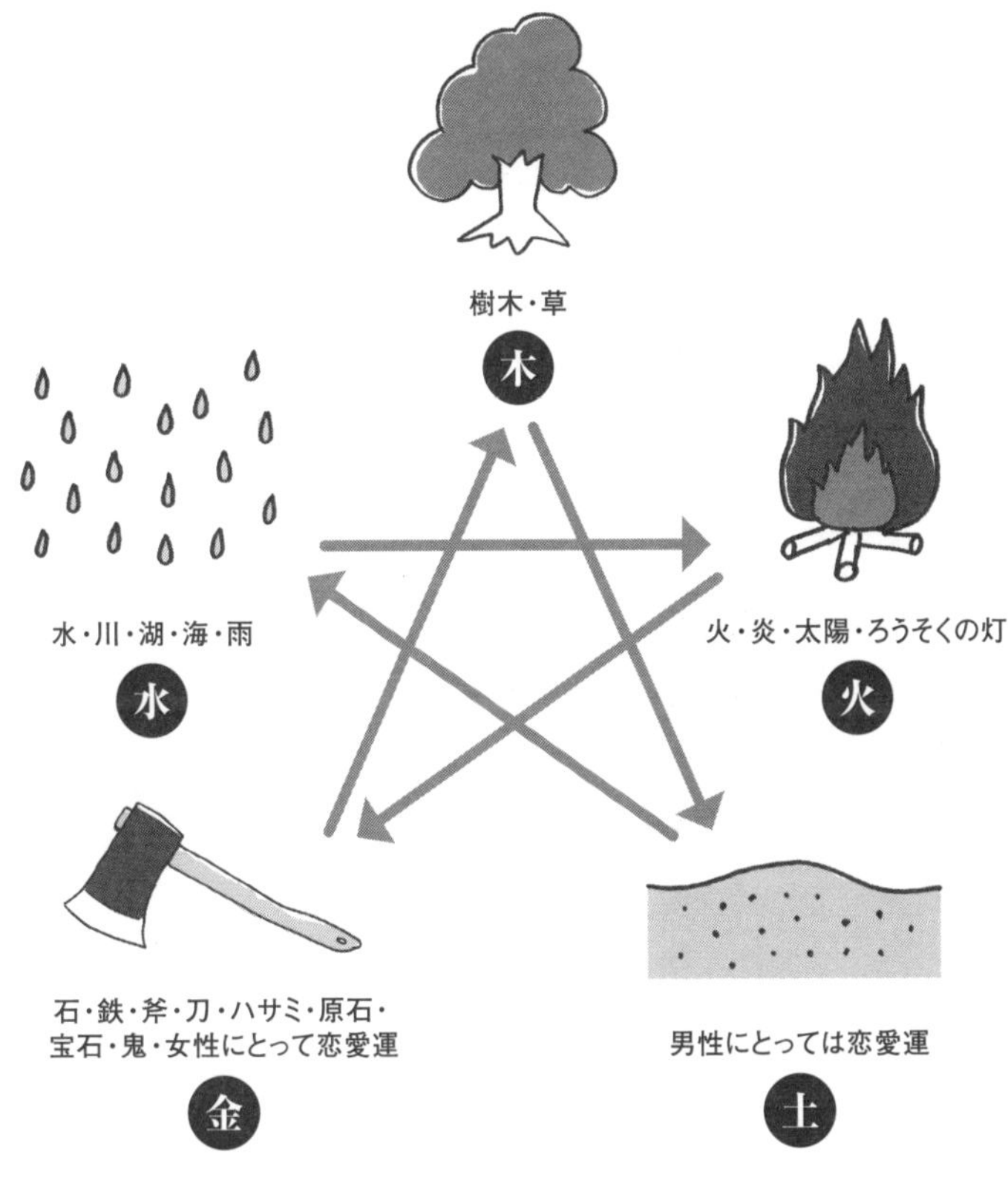

木は土の養分を吸う→土からするとイヤな存在
火は金を溶かす→金からするとイヤな存在
土は水を濁す→水からするとイヤな存在
金は木を切り倒す→木からするとイヤな存在
水は火を消す→火からするイヤな存在

上司が昇進や昇給を後押ししてくれて、お金が生まれたりもするでしょう。

そういう循環を意識することで、お金や金運の流れが見えてきます。

陰陽につながる「浮き沈み」を意識していくことも大切です。

月の満ち欠け、引き潮や満ち潮。

太陽と同じように月も昇ってまた沈みます。

すべてが陰と陽ふたつの要素でできているのです。

感情自体も、満月の頃は高揚しやすかったり、新月には寂しさや不安を感じたりします。

感情にもバイオリズムがあるので、それをうまくコントロールするトレーニングという意味でも、浮き沈みを意識することは必要です。

月の満ち欠けに敏感になるとか、太陽の光を浴びて心の健康をキープする、などといった行動はお金を引き寄せます。

どんな場面も、自分自身の内面と深くかかわってくるものだからこそ、まず自分がどういう状態なのかを知ること。

「今、運が来ているな」「感情が不安定だから、こんなにお金を使ってしまうんだな」などといった気づきがとても大切です。

これから、金運はどんどん更新されていく

それに加えて、季節の流れ、時間の流れ、めぐってくる星の動きなども意識していきましょう。

地球には自転と公転以外に歳差運動というものがあります。

簡単にいうと、地球の地軸（自転軸）が、太陽や月などの引力の影響を受けて、だんだん天空に円を描くようにズレていく現象のこと。

地軸が指し示す方向は長い時間をかけて少しずつ移動していき、約2000年ごとにひと星座分動くことがわかっています。

そのため、イエス・キリストの魚の紋章に象徴される宗教戦争としての魚座の時代が終わり、西暦2000年からは水瓶の時代（アクエリアス時代）と呼ばれ、水瓶座の影響が強く現れます。

西洋占星術では、水瓶座は「ネットワーク」「最先端」「変化」などを表す星

座。

今、お金は「人から人へ」から、電子マネーの時代に移っています。そういう時代の変化や影響を感じることも金運アップにつながっていきます。

人類が月に行って宇宙ステーションをつくったら、もしかするとまたお金の流れも変わるかもしれません。

月は毎年約3センチずつ地球から離れているといいますが、そういうこともおそらく地球に影響を与えているでしょう。

目先のお金を追うよりも、「全体」を考える

こんなふうに、万物の循環、浮き沈み、天候や星の動き、大きな意味での自然の移り変わりがある中で、そのときの自分の気持ちに気づいたり、お金の流れを意識していくことが金運を高めてくれます。

生まれつきのお金儲けの天才は、みんな意識しないでこれをやっています。

意識しないでできているので、お金儲けの天才たちはこのような考えを否定するかもしれませんが……。

お金がうまく回っていない人は、自然と一体になることを考えるとお金の流れが変わってきます。

本編で出てくる話も、みんなここでお話ししたことがベースになっているもの。

ほとんどが、ちょっとした意識の切り替えや、日常の中でできることばかりで、真剣にやればやるほど相乗効果が出てくるはずです。

本書が、みなさんの金運爆上げのお役に立つことを願っています！

◉Love Me Doの占いとは◉

「Ｌｏｖｅちゃんの占いのジャンルを一言で言うと何？」と聞かれることがあるのですが、私の場合はひとつの占いをとりあげて「これが専門だ」とはいえません。

四柱推命、西洋占星術、風水、易、人相、手相、タロット、九星、姓名判断、夢占いなど、西洋と東洋のあらゆる占いを習得しているからこそできる考え方があります。

そもそもひとつの枠にくくりたくなくて、これらのすべての占いを勉強してきたのです。

西洋の占いと東洋の占いでは、暦のしくみも違います。

西洋は大地から宇宙を見る世界観で、天空を12（12星座）に分割して考えます。

東洋は宇宙から大地を見る世界観で、大地を12（12支）に分割して考えます。

前者の運命学はスピリチュアルな要素を多く含み、後者の運命学はより現実に即した厳しい側面を持っています。

人間の真理にたどりつくには、その両方の思想を知る必要があります。1種類の占いではとてもたどりつけない境地なので、どれかひとつだけやるのはそもそも間違いだと思っているのです。

あらゆるものを習得し、宿命、運命というものに向き合うことが大切だと確信しています。

Message 1

from Love Me Do

私たちは地球上に存在していますが、
その地球は宇宙の影響を受けています。
宇宙の星の動きが世の中のお金の動きにも
影響を与えていると考えるべきです。
新月、上弦の月、満月、下弦の月を意識する
だけでも、あなたの金運は大きく変わります。
月の満ち欠けを意識してみてください。
それだけで金運が高まります。

第1章

準備編

――まず、お金をもたらす「しくみ」を知る

お金と命はイコールと考える

お金と命はイコールです。だから、宝くじで高額当選した人は、事故にあったり事件に巻き込まれたりするなど、不幸を背負うことが多いといわれています。

もしくは、高額当選した金額と同じ借金を背負う人もいます。

芸能界で一発屋的に売れた人も、スキャンダルですべてを失ったりも……。

でも、何かでお金を失ったということは、その分命が助かったということ。

結局、健康でいることが一番の財産なのです。

健康な人＝お金持ち。あなたがもし健康なら、あなたはお金持ちです。

大きな病気から生還した人も、もちろんお金持ちです。

その分、お金を稼ぐ才能があると思ってください。

そして、「どうせ私なんて」と限界をつくらないことです。

「自分は限界を超えるんだ」と思って、何か違うことにチャレンジしてみると、大金をつかむ才能があることに気づくでしょう。

好きなことで自己表現できていると、心も病まないし、健康でいられます。健康でいられるからこそ、面白い発想が浮かぶし、自分をうまく表現でき、人が集まってきます。だからお金が来るのです。

お金を呼ぶには、自分が楽しめることをやらないといけません。

人に優しくなれたり、人に気持ちよくサービスできるメンタルがあるなら、そこに身を置いて楽しめている証拠。人に優しくなれないと金運は来ません。

そういう意味で、運気が下がっている人は環境を変えることが必要です。

「私は両親の介護をしなきゃいけないから……」という人も、そこであきらめたら環境を変えることはできません。

介護の一部だけでもほかの誰かに頼むなど、そこにまずお金を使って、自分が楽しむ時間をつくりましょう。

その時間を笑顔になって楽しめていると、頑張って働く意欲が出てくるので、まわりからも評価されて、いい仕事やいい環境に移っていけます。

制約があって思うように動けない場合は、まずは稼いだお金を使う場所を変えてみましょう。それが環境を変えることにつながっていきます。

怒りをあらわにしてもいい

いじりやすい人といじりにくい人っていますよね。

人にいじられることで、人気者になれる人も確かにいます。

みんなにいじられながらもかわいがられて、仕事なども特別デキるわけではないけれど、ある意味、「いるだけでいい」という人、「なんであいつ、出世してるんだ？」と言われるタイプの人に対しては、怒らなくてもいいのです。

本人は不安になるかもしれませんが、それがその人の生きる道なので、大丈夫。

お金もそれなりに回っていきます。

でも、あまりにもナメられてしまう人や、それで損している人は、どこかで怒らないと状況を変えられません。

いじめられている人がある日ブチ切れると、それでガラリと流れが変わったりしますよね。

相手にこわいと思わせることも、お金が回らない人には必要なのです。

嫌われるのはイヤかもしれませんが、怒るのは怒られる側に問題があるから。なので、怒りを出すことによってそれが明るみに出ます。

たとえば会社勤めの人なら、ムダに仕事量を増やされたり、やらなくていいことまで押しつけられたりすると、本当に大事な仕事にパワーを注げません。結果的に、自分が出世に向かう手段を失ってしまうこともあります。

そういうときにはちゃんと「こういうことはやめてほしい」「納得できない」と言いましょう。言わないで心にため込んでしまうと、どこかでおかしなふうにお金を使ってしまいます。

ストレスはたまるけどお金はたまらないなんて、バカバカしいですよね。

こわがらないで怒ること。怒れば絶対に相手は罪悪感を抱いて謝ってくれます。もちろんそれが効果的なのは、あくまでもこちらに非がない場合。

すでに怒りをため込んでいる人も、言うときはタイミングを図りましょう。相手のミスで迷惑をかけられたときにガツンと言えば、一番効果的です。

地獄を味わった人は強い

経済的に苦しかった経験のある人は、お金に愛されます。幼少期に貧乏だった人が一代で財を成すのは、ハングリー精神があるからです。地獄を知っていると「あの頃に戻りたくない」と思うはず。

その気持ちも自分に強さを与えてくれます。

私自身は普通の家庭に育ったので、どうしても家族に甘えてしまう部分がありました。芸能の世界に入って間もない頃は、収入が全然なかったのですが、実家で生活していたので食べることに困らず、怠けていました。

そこで、「このままではいけない。家族の力を借りずに生きなければ」と、風呂なしトイレ共同の家賃25000円のアパートを借りることにしました。食べ物を買うお金すらない中でどう食べていくかという生活をあえて選んだのです。

それは正解でした。

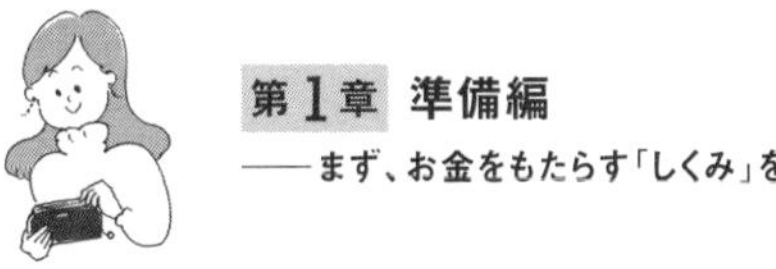

そういう環境のほうが、人間力を養ってお金を稼ぐことに頑張れるのです。借金も、ないよりあるほうが頑張れるでしょう。

ギャンブルでの借金などは別として、生活が苦しかったり、ローンを背負ったりしたときに、前向きに考えた人たちはお金に愛されるはずです。

ある大物タレントさんで、楽屋で出るお弁当を絶対に食べない人がいます。貧乏だった時代はそのお弁当が楽しみで、余った分をもらって帰ったりしていたので、お弁当を食べるとどうしても苦しかった頃の自分を思い出す。だから食べないと決めているんだそうです。

もちろん、成功してからもおいしくお弁当を食べるタイプのタレントさんもいますが、ハングリーな人のほうが金運はいいのです。

先ほどお話しした大物タレントさんは、ネット社会になっても、ますます活躍の場が広がっています。これは、しっかり運を呼べているということ。

ストレスが多くて「昼食をいっぱい食べないと午後の仕事ができない」という人もいるかもしれませんが、そういう場合はまずストレスを発散して、腹八分目で仕事しましょう。空腹の状態で仕事したほうが、お金に愛されるのです。

収入よりもちょっとだけ背伸びをしてみる

芸人さんの世界でよくいわれているのが、「自分の収入では払うのに少し苦しい部屋に住んで成功をおさめる」という考え方です。

昔の私みたいに、吉本興業からの収入が2〜3万なのに、自立して一人暮らしするのも、30万くらい稼ぐ人が、プラス5万くらい家賃の高い部屋に引っ越して生活するのも、やっていることの意味は同じです。

どちらも自分を追い込む行為で、やり方が違うだけ。

サラリーマンは収入が変わりにくいですが、ボーナスをあてにしていい部屋に引っ越したりすると、「ボーナスがなくなったらどうする？　自分でもっと稼げるようにならないといけないな」という危機感が生まれてきます。

この「なんとかしないと！」と思う気持ちが金運を引き寄せます。

これからは副業の時代なので、背伸びをした生活スタイルは新たな収入の道を探っていくいいチャンスにもなるでしょう。

また、ちょっと背伸びした生活は、空腹感や飢餓感を感じさせるのにも役立ちます。

そして、とても重要なのが、いろいろな情報にふれて、つねに「これは副業になるんじゃないかな？」と、イヤらしくなく考える能力を伸ばすこと。

そういう戦略を練ることができる自分になるには、満腹だとダメなのです。

お弁当の話にも出てきましたが、金運のためには、精神面だけでなく、物理的にもおなかを空かせていること、ハングリーであることが重要です。

満腹になっていい時間は、仕事が終わったオフの時間だけ。

仕事モードのときは満腹になってはいけません。

「いっぱい食べたい」というメンタルになっていること自体、実は金運が下がっているのです。

本当に仕事に夢中になっていると、何も食べずに集中できますよね。

そもそも、仕事を選ぶとき、自分が夢中になれる職種を選ぶことも大事。

そうすると、自分で自分を追い込む効果も出やすくなります。

自分は「何で愛されるタイプか」を知る

女性は、かわいさや美を売ってお金を稼ぐタイプもいれば、ぽっちゃりふくよかな感じでモテて稼ぐ人もいます。

ある程度ぽっちゃりだとお金に愛される傾向があるかもしれませんが、「自分はどちらで引き寄せているのかな?」と、客観的に見る目も大事。

「私はこういう人たちに愛されている」「こうするとお金が回る」という、自分のタイプを見つけないといけないのです。

もちろん、自分を鍛えるために、感性の合わない人と仕事したり、人間関係のトレーニングを積むことも必要（五行の金の要素）ですが、その期間が終わったら、「こうするとうまくいく」という部分（五行の水の要素）を見つけることが大事です。人に好かれ、愛されていかないと金運には恵まれません。

その部分は、五行でいえば土です。自分自身を樹木で考えた場合、いい土に根を下ろさないと、自分という木が枯れてしまいます。

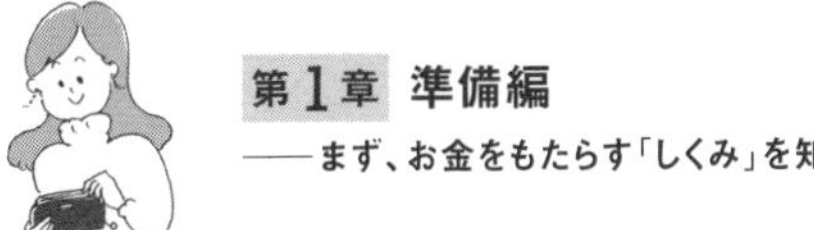

スクスクと伸びようとして土の養分を吸いたいときに、土が潤うためのいい雨が降っているかが重要です。雨＝水ですが、水の要素には、名声や上司以外に、自分が持っている情報や、インプットしている知識なども入ります。

それを使って面白い話ができたりすると、人を引きつけることができます。

水の知識が木の自分にインプットされて、それをアウトプットすることで火のエネルギーが拡散され、それに人が引きつけられて、自分のまわりに人が集まってくる。これが土の要素です。

また、自分の周りにいる人が財産。政治家でいえば票です。

人を集める人気があるからお金がやってきます。

土＝財だと考えましょう。セールスをするときは、誰でも「この人ならこれを買ってくれそうだな」という人のところに行きますよね。それと同じです。

身近な人もそうです。お金のかかる恋人とか、高いランチに誘ってくる友人とか、どうしてもそういう人種とつきあいたいなら、「収入がアップしてから」と割り切って、今は関係を断つ勇気も必要です。

「どこに身を置けば自分が育っていけるか」という視点を持ちましょう。

未来貯金をする

「うまくいっているのはご先祖様のおかげ」

そんな気持ちを抱いたことはありますか？

今度は、自分が先祖の立場になって考えてみましょう。

未来の自分の子孫たちが幸せになっている、たとえば未来の子孫がお金持ちに生まれたとすると、彼らはきっと先祖であるあなたに感謝しますよね。

お墓参りもしてくれるでしょう。

感謝できるということは、幸せだということ。そういう子孫に感謝してもらえる自分として、できることをやっていきましょう。

プラス、今の自分が未来の子孫のために、彼らのためにいいことをしてあげるつもりでお金を使うと、「あの人たちのおかげ」と思ってくれます。

「自分の先祖のこの人が、こういう考え方をして豊かになったおかげで、自分もそれを受け継ぐことができた」とか、「ご先祖様のおかげで私はいいルックスで生まれた」とか、感謝の中身はいろいろあるでしょう。

たとえイメージの中であっても、人に感謝されると、それが自分に返ってきます。

子孫に「先祖がこの家をつくってくれた」と思われることを想像すると、モチベーションが上がり、働く意欲もわいてきませんか？

未来の子孫が幸せを感じて、お墓参りをしてくれる場面を想像しながら、そのために今できることをやっていきましょう。

でも、けっして無理する必要はありません。

お金持ちは、よく慈善事業やボランティアを一生懸命やっていますよね。

でも、まだ何も成し遂げていない人がボランティアばかりすると、仕事がおろそかになって、その日暮らしのヒッピーみたいになってしまいます。

何かを成し遂げるまでは、エネルギーの必要なボランティアなどはちょっと置いておいて、たくさん感謝を集めましょう。

落ちているゴミを拾うとか、小さな徳を積むことからはじめるといいですよ。

金運を決定づけるには5つの要因がある

金運を決定づける要因は、大きく5つあります。

影響力の大きい順に並べると、次の通りです。

①宿命……お金持ちに生まれるかどうか

②運命……お金を得るチャンスがあるか

③風水……環境や一緒にいる人間はどうか

④陰徳……人や世の中のためにいいことをしているか

⑤努力……骨身を惜しまずに励んでいるか

ここからわかるように、努力は影響力からいうと一番下です。

まじめにコツコツやっていれば金運がやってくるかというと、違います。

それだけではお金に愛されません。

そのひとつ上のランク、「陰徳」を積むということができていると、「人や世の中にいいことをやっているね」ということで、いいイメージを持たれたり、

みんなに認められてお金につながってきます。

それには環境も大切です。生活態度のよくない友人しかいないとか、悪い人間関係しかなかったりすると、努力しても陰徳を積んでも先に進めません。

その場合は、引っ越して住む場所を変えたり、職業や職場を変えたり、つきあう人を変えることが必要です。

あとは、運が来ているかどうかを感じとるアンテナを持つこと。

または、どうやったら運が来るかを考えることも大切です。

サインは身近なところにあふれています。

世の中の流れもそうだし、ずっと会わなかった人から急に連絡が入るとか、何かに導かれているように、何度も同じ場所に行くことになるとか。

占いでわかる星の動きなども参考に、「今はこういう流れかな」と意識して、それを自分の言動や、部屋のコーディネートなどにも生かしてください。

そうすれば、生まれつきお金持ちではなかった人も、運の強さでなんとか変えていけます。もしかしたら晩年大金持ちになって、宿命を書き換えることもできるかもしれません。

行き詰まったら、優しい自分を心がける

いろいろうまくいかない、お金も回らない。そんなときは、ご先祖様の影響もあるかもしれないので、お墓参りとか、未来の子孫に感謝されるためにたくさんの人に役立つようなことをしておくとか、運が返ってくるような行動をしましょう。

パワースポットや神社に行って、自分の人格が優しくなるように意識するのもいいと思います。人とすれ違うときもちゃんと会釈したり、狭いところではよけてほかの人が通りやすくしてあげたり。

気のいい場所だと、多少のことがあっても人を許せるとか、人が落としたものを拾ってあげるとか、優しい気持ちが出てきやすいものです。

せっかくパワースポットに行ったのに、混雑でゆっくりお参りができなくても、イライラしないで「神様がまた自分に会いたがっているんだ。また来る理由ができたな」とポジティブに考えられるとベストです。

自分の中にちょっとでも、そういう優しさをつくりましょう。

「ストレスもたまってるし、なかなか優しくなんてなれない」というときは、家の近くの神社に週1回、半年通うなどといったことをしたほうがいいでしょう。

お金持ちほど神社を参拝しているし、神棚をつくったりもしています。

また、大きな会社は屋上に商売繁盛を祀る神様の神社をつくったり、ビルを建てるときはお祓いをしてもらっています。中国の皇帝も龍を祀っています。

占いは信じなくても、みんなそういう何かしらの信仰心があるものです。

金運を呼ぶと信じて部屋に風水の置物を置いたり、アメジストドームを置いたりする人もいますよね。

「私もやってみようかな」と思えたら、やってみるといいでしょう。

「龍の置物やアメジストのドームを置けば運が来るんでしょう?」と思ってただやるのではなく、「これを置くと自分は優しくなれる。人を愛せる」と信じて、そういう自分を繰り返し思い出すために置くようにしてください。

それによって金運アップの比率が何倍も変わってきます。

運は、自分の心次第でプラスにもマイナスにも転じるのです。

神社では住所氏名を名乗らない

あるとき、山頂にある神社に向かって山を登っている最中にとても楽しい気分になりました。下山してスマホを見ると仕事のオファーが来ていたんです。

神社に行く前の日に、オファーが来ることもあります。

「明日、来てくれるんですね。ありがとう」と、神様が先に運をくれるのだと思います。なので拝殿の前で、神様に住所氏名を言うのはおこがましいです。

それは自分だけが幸せになればいいという心だから。

神様がどう思うか考えてみましょう。

「今すぐ助けてほしい」という人は、助けてもらえないのが運の法則です。

「できることは全部やった。もうこれ以上は無理。終わった……」というときにチャンスがやってくるのです。

そして、ざっくりと「仕事運が高まりますように」と思いながら、お賽銭箱に財布の中の小銭を全部入れてみたり、その場所の気を取り入れられるように

神社周辺の飲食店で食事をしたり、そこでお金を使って帰るようにします。

自販機でジュースを買って飲むとか、近くに温泉があれば入浴するとか、地元でお金を使って帰ろうと考えていると、神様が「先に運をあげるよ」と言ってくれます。わらにもすがる思いで行くより、そういうメンタルでいるほうが運気もよくなり、金運が高まるでしょう。

そもそも相手は神様です。ピンポイントで何かを求めるのは間違いです。「素敵な人と出会いますように」ならいいのです。でも、長々と住所氏名を言って「あの人から連絡がほしい！　絶対！」なんて、欲の塊みたいだし、神様もウザがります。それでは運は来ません。欲は一番の大敵です。

もし神社に行く途中で足止めになったら、ジタバタしないで「今は行かないほうがいい理由があるんだ」「今の流れはこうなんだ」と思うこと。

もし時間の都合で、その日に山頂まで行けなかったとしても、そのおかげで誰かと知り合って数年後にビジネスを一緒にやったり、結婚したりすることもあるのです。予定を変えたことで、運命が変わるかもしれません。

それは、そのスポットの神様が運をくれたのかもしれないのです。

手相を変えて金運を変える？

一時期、手のひらにペンで金運のいい手相を書くのが流行りましたね。

でも、残念ながら、ペンで書き込んだだけでは覚悟も足りないし、脳に刺激もいかないので効果がありません。ただ、書くことで自分の性格やお金の使い方を意識すれば、多少の変化はあるでしょう。

過激な方法ですが、手術で手相を変えるところまでやれば運命は変わります。オリエンタルラジオの中田敦彦さんは、テレビ番組のロケで韓国で手術して、運命線や太陽線や財産線などを深く刻みました。

そのロケ自体はお蔵入りになったのですが、その後、再ブレイクしました。

手のひらには毛細血管がたくさんあって、メスを入れるのはすごく危険なのでおすすめしませんが、そこまでやれば脳に刺激が行き、運命も変わります。

また、手に一時的に色がついたりするのは何かの暗示。けがをしたり、赤ペンのインクなどで財産線に赤い色がつくと、出費があったりします。

11 お金だけを追いかけない

「お金をほしがるのはよくないの？」とよく聞かれます。

ハングリー精神という意味での欲を持つのはいいことです。

「これでお金を稼いでやる」という気持ち。芸人ならお笑いで、アーティストは自分の曲でヒットを飛ばして、「稼ぐぞ」と思うことは運を呼びます。

そうでなく、ただ「お金持ちになりたい」「人脈でなんとかお金が回るようにしたい」「お金持ちと結婚してラクに暮らしたい」「宝くじを当てて豪遊したい」、こういう人たちは、欲の塊なので運が来ません。

特に宝くじを当てたがる人は多いですが、ここで一度、宝くじを当てるということは、どういうことか考えてみましょう。

1回の抽選で高額当選する人はたった数人、ピラミッドの上のほうです。

「芸能界で今年有名になる人」と同じです。でも、そのためにどんな努力をしてきたかが大事。売れる芸人になるためにお笑いの技術を学ぶ、俳優として頑張るために、演技だけでなく外見を磨く努力や愛される努力をする。

それと同じように、宝くじも日頃から努力している人が当たっています。

「今月はこの方位がいいからパワースポットに行く」とか、「ラッキーカラーのこういう服を着よう」とか、まめに行動しているから当たるのです。

ただ「この日に金運がいいみたいから買おう」だと当たりません。

1年間ずっと運のよくなることとやっているような人が当たります。

たとえば、意識していい言葉を使ったり、風水に気をつけて部屋の運気を上げるなどの努力をしていると、宝くじが当たる資格が得られるのです。

そうでないと、宝くじにお金を使っても、ピラミッドの上の人たちに貢いで終わってしまいます。

高額の宝くじは、いつもだいたい決まった人が当選しているもの。

その仲間入りができた人は、普段人に優しかったり、開運フードを食べていたりして、そういう体質になっているのです。

そうでない人は、まずそういう体質に改善していかないといけません。

12 宝くじ運を上げるには？

宝くじが当たる人に共通しているのは、謙虚でいるということです。

「当たったらあれを買おう」とか、自分のことしか考えてない人は絶対当たりません。それを言った瞬間、当たらなくなります。

あと「3億円あったら」と想像を膨らませる人、これも当たりません。

まず、当たったときのことを考えてニヤニヤしないこと。

それをやった瞬間に運が落ちます。

もしやってしまったら、そこで謙虚な気持ちになることです。

そういう気持ちで出直す。もし売り場でニヤニヤしてしまったら、買わずに出直すくらいの気持ちでいましょう。

それから「自分はこうする」とか自己主張をしすぎないこと。

自己主張は実際に当たったときにすればいいのです。

基本的なスタンスとして、ストレスをためないことも大事です。

イライラしていると運が逃げていくからです。

長期休暇には必ず旅行に行ってリフレッシュしましょう。

そして1週間のうち1日はリフレッシュする時間をつくりましょう。

年単位では1、2回。週単位で1日。1日のうち1時間というふうに、日々の生活の中に休息や気分転換のための時間をつくるのです。

あとは、ものをため込みすぎないこと。

「捨てるのはこわい。これは貴重だから、もう買えないかも」と思う気持ちが運を下げてしまうのです。運を呼ぶには整理整頓が必須です。

整理整頓が苦手でできなかったら、パートナーがきれい好きだと運を呼びます。そのパートナーが、部屋を整えるために家具を買いたいと言ったら、それを受け入れましょう。

空いたスペースをつくらないと新しいものを買うチャンスも生まれないので、宝くじやギャンブル運も来ません。

謙虚になること、ストレスをためないこと、整理整頓すること。

この3つを心がけることで、やがて一攫千金のチャンスがめぐってきます。

お金を回せる人、回せない人

お金は、循環させていくエネルギーがないと入ってきません。

今は電子マネーの時代ですが、もともと東洋の運命学には、「三才（さんさい）」といって、世界は「天・地・人」で成り立っているという考え方があります。

昔の古銭には円の中に四角い穴があけられていますよね。

昔は天動説だったので、円は天が動くところを表し、四角は平安京のような碁盤の目、つまり大地を表しています。

そのお金を人から人へ渡すということが、「エネルギーが天から地に降り注ぎ、跳ね返って人に伝わる」という循環を表していたのです。

お金はそういう動きにやってくるもので、自分以外の存在に還元しない心は運を下げます。

あなたは、たまにでも人におごっていますか？

「ありがとうございます」と言われていますか？

「これだけ感謝されているなら、3億円当たってもいいよね」とみんなが思うような人になっているか、神様がそう思うか。そこが肝心なのです。

人からの嫉妬や妬み、恨みをまとっている人には、3億円はやってきません。「この人なら当たっても妬まれたり恨まれたりしない」という人に来るのです。

宝くじに限らず、若くして大ブレイクした人は、だいたい落ちぶれます。それは、自分が得たプラスを還元しないせいです。もしくは幼少期に貧乏だったなどの理由で、人のためにお金を使いたがらないケースです。

宝くじが当たって独り占めするような人は、だいたい稼いだ分のマイナスがやってきます。当たった金額と同じ額の借金をしてしまったりするのです。

運気を下げないために、もし当たったら人のためにも使うこと。

高額当選を何度もするような人たちは、たいてい何千万円も寄付しています。

また、紙幣には嫉妬、妬み、恨みなど、ネガティブなものが詰まっていますが、そういうものと無縁な生き方をしている人にはお金が入ってくるし、入ったあとも恨まれません。

⑭ 自分の「見られ方」を意識する

自分の見られ方に気を使うと、運気が上がります。

「本当の私を見て！」という気持ちが強すぎると、お金の流れはやってきません。「まわりは私をこう見ているから、こうしたほうがいいんじゃないか」という戦略を立てていくといいのです。

「でも、それは、自分をつくっているみたいでイヤだなあ」と、葛藤する必要はありません。

葛藤が強いと人間関係もうまくいかず、チャンスを逃すでしょう。

あるいは、まわりから見た自分を意識するのはいいのですが、あまりにもまわりに合わせすぎても自分にとって本当にいい仕事が回ってこない、その結果お金の流れが来ないということもあります。

そういう人は、服装や外見を多少イメージチェンジしましょう。

普段Tシャツばかり着ている人はきっちりスーツを着るとか、髪も明るくしてイメージをよくするとか、変えられる部分を変えてみるのです。

このとき、自分が好きなほうではなく、ならないといけないほうにシフトすることが大事です。

堅いイメージを持たれすぎてしまう人は、髪型や服装など、時代の雰囲気に合うものを取り入れてください。

調子に乗りすぎてしゃべって失敗する人たちは、読んだ本の感想をＳＮＳに書いて、知性の高さや本を読んでいるイメージをつくること。

そんなふうに、まわりにブランディングしていきましょう。

本当に好きなことをアップするのではなく、見られたい自分をアップしていくのです。

今の時代、人と会う機会が少ないからこそ、ＳＮＳを使えばまわりにイメージをつけることができて、お金が回っていくようになります。

普段の生活がうまくいっていないなら、ＳＮＳを使ったブランディングで人生の勝負をしましょう。

15 現金の視点と電子マネーの視点を持つ

電子マネーはだいぶ普及してきましたが、まだ発展途上です。

この間も、タクシーでネット決済にしようとしたらエラーが出てうまくいかなかったのですが、現金を持っていたので助かりました。

ネットトラブルもあるし、一度何か起きると大事件になるので、今のところはある程度、現金も持ち歩いたほうが安心です。

現代は、現金と電子マネー両方の視点を持ってやっていくといいのです。

電子マネーはポイントもついていておトクだし、使えるところでは使わないといけませんが、しっかり家計簿をつけることも大事です。

みんな、以前よりも感覚でしかお金を管理できなくなっている気がします。

「このジャンルは現金で使う」「これは電子マネーを使う」といった感覚も持っていたほうがいいでしょう。

現金と電子マネーを使うタイミング

現金のよさは、「もの」として扱えて、使うタイミングを自分でコントロールできるところです。

たとえば、運の強い人からご祝儀やお年玉などをもらったとき、そのお金は口座に入れずに現金で持っておくといいのです。賞金の類、たとえば社長賞の金一封なども、そのまきれいな袋に入れて家で保管しましょう。

使うのはある程度時間が経ったときです。とくに「最近お金の流れが悪いな」と感じたようなとき、「友だちを連れて帰ってきてね」と言って使いましょう。

現金は、たとえ運の強い人からもらっても、電子マネーにしてしまうと区別できなくなり、その他大勢の存在になってしまいます。

また、運のついているお金もその運気がなくなっていきます。なので、そろそろ使うべきかなと思ったら使ってください。そのほうが金運も高まります。

そのタイミングを逃すと、いずれ普通のお金になってしまいます。

現代の私たちは、電子マネーだと「お金を使った感」が感じきれないのですが、ストレスで、使った感がほしいと思ったときに使うなら、散財によるショックや刺激は大きいので、ストレス発散ができてお金も呼べるでしょう。**思い出に残るものを買うときや、気に入った服を見つけて「この冬はこれでいく！」というときは現金で買うといいかもしれません。勝負運がつきます。**

これから、時代の流れ的にも絶対電子マネーに変わり、ついていかないといけないので、そのような感覚は持つ必要があります。

ポイントカードも、まったく持たないと現金の運がなくなるかも……。クレジットカードの複数持ちとか、クレジットも使ってＰａｙＰａｙも使うとか、器用な人もいますが、特徴を知ってうまく運用できれば、多種類を使う人のほうがお金はめぐるかもしれません。

振り回されると危険ですが、いろいろな電子マネーの知識があるのはいいことです。

仮想通貨などはリスクもありますが、お金の使い方、回し方はどんどんアップデートしていったほうが金運はついてきます。

ネガティブでも運勢は上昇する

ネガティブなことを考えがちな人は、「それを直さないと運が上がらないかも」と不安になるかもしれませんが、さほど心配はいりません。

そういう人はお金に対しても慎重になれるので、安全に、だまされず堅実にお金を稼げるメリットはあります。ただ、勝負のタイミングを失う可能性があるので、そこは要注意です。「もうちょっと力をつけてから」とか、ためらっているうちにチャンスが逃げてしまうかも……。

心配しやすい性分なのはしかたありませんが、ある程度見切り発車をすることも必要です。

逆に、ポジティブな人は「なんとかなるさ」で行動してしまいやすいので、ある程度慎重にお金を使わないといけません。

一番いいのは、ポジティブとネガティブのバランスをうまく取ることです。

18 男性は失恋すると金運が上がる

お金とアンラッキーには、ちょっと不思議な関係があります。

まず、男性にとって金運と恋愛運はイコールです。

自分自身が木、財運が土ですが、男性にとって女性は管理するものという位置づけで、自分が相手をうまくコントロールできるかどうかで考えているので、エネルギーの注ぎ方は「女性に半分、金運に半分」になってしまうのです。

失恋すると、その分のエネルギーが完全にお金に注がれて、運が上がります。

何事もプラスがあるとマイナスがあるように、その逆もあるのです。

女性の側から見て、自分はその男性を好きだけれど、男性は仕事が忙しかったりして、あまり都合を合わせてくれない場合、男性が優位です。すると女性は面白くないので、ほかに好きな人をつくって男性が振られたりします。

でも、その間、男性は女性より仕事を優先したり、接待して仕事を取ったりしていたので、チャンスをつかんで金運が上がったりします。仕事を頑張った結果、失恋はするけれど、その分金運が上がるのです。

だから、振られた男性に言いたいのは、「ショックを受けないで。それは金運が上がるしるしだから」ということ。

女性をコントロールできない分、金運が高まったと考えてください。

また、いずれ、より金運が高まると自然と女性が集まってくるという構図もできます。

そこに辿り着くまでは苦しいかもしれませんが、頑張ってみてください。

逆に、女性から見ると、なかなか会ってくれない男性は金運上昇中だから、逃さないほうがいいということです。

「彼がまったくかまってくれない」と怒ったり悲しんだりするよりも、友人と出かけたり、趣味や勉強などで自分の時間を充実させて、自分で自分のごきげんを取ってはどうでしょうか。

きっと彼を思いやる心の余裕ができるでしょう。

思うように彼と会えないときでも、心のコントロールができれば「逃した魚は大きい」とならないですむと思いますよ。

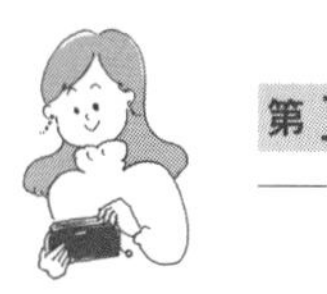

女性は失恋してもモテても金運が上がる

女性も、男性に振られたとしても、悪いことばかりではありません。**失恋の前後に大きな仕事が舞い込んできたり、名声が上がって、それによって金運が高まることもあるのです。**

ただ、女性の場合、それでどんどん出世していくと、男性が引け目を感じるおそれも……。

新しい出会いがあっても、その人よりも出世していたりすると、残念ながら若干モテなくなるかもしれません。

どんどん出世してモテなくなってしまった場合、女性は弱い男性を好きになるといいでしょう。

つまり、稼ぐというよりも、夢を売っている男性や、家庭を守る側になれる男性。

そういうメンタルになれば、より出世して金運が高まります。

失恋したら、「私はそれだけ仕事を頑張ったんだ」と思うことにしましょう。

基本的に、女性にとって仕事運と恋愛運はイコールです。伸びようとする木の自分は、仕事を表す五行の金（斧やハサミ）に傷つけられます。

運命学上、女性は男性に管理される存在なので、恋愛もやっぱり自分を傷つける金（斧やハサミ）で表されます。

なので、仕事や恋愛にハマりすぎて斧で切り倒されないように気をつけないといけません。

でも、強い大きな木なら、金＝ハサミで邪魔な枝が剪定されて、かえってよくなれます。

その場合は、生きる上で仕事と恋愛がいい刺激になっていることを表しています。

それと同じで、女性として幸せになりつつ、仕事でもうまくいく生き方もあるのです。

「この子、魅力的だな。一緒に仕事したら楽しくなるな」と思われたら、上司

に認められたり、取引先から好意を持たれたり、注目されて輝けます。それによって仕事運が高まり、お金がやってくるでしょう。

女性にとっては追う恋よりも、気持ちが満たされる、幸せな気分になれる恋ができるほうが、出世します。

金運は、「私、モテてる」という感覚になっている人に来るのです。

OLさんでも、会社でちやほやされたりモテている人は、金運がいい人です。金運を上げたいなら、これまであまり男性のウケがよくなかったとしたら、ウケがよくなるように外見や言葉、態度に気を使い、ある意味「演じる」ことも必要。

本音なんてどうでもいいのです。

割り切ってできれば、金運が訪れるでしょう。

人生の勝負どころをつくる

かかわる人が変わると、ちょっとのことで運気が変わるため、引っ越しや転職は大きな転機になります。

そして、置時計を置くことも、運気アップに役立ちます。時計を見ることで、「時」を意識できるので仕事の効率もアップするはず。

お金持ちは高級な腕時計を身につけているもの。

腕時計も大事です。

自分にとってラクに買える値段のものよりも、高いものを買ったほうがいいでしょう。

リスクを負っているから頑張れるというわけです。

また、多少お金持ちの人と接する機会もつくらないといけません。

そういう人たちと一緒に過ごして、「こういう人がお金を生むんだな」と肌で感じる経験をすることが大切です。

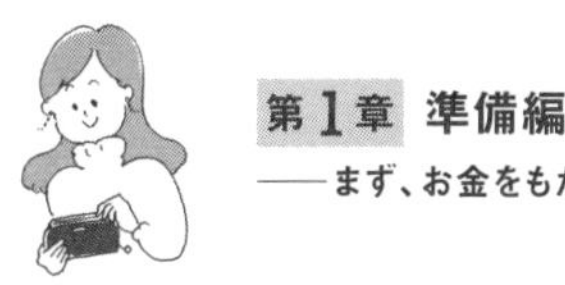

ただ、最初は気前よくお金を出して、服や時計などもいいものを身につけていて、お金持ちの雰囲気を出すのがうまいだけの、詐欺師には気をつけましょう。

あとは、運のいい人と握手すると金運が上がるので、成功者と握手して運をもらうのもいいですね。

私も握手会を大切にしています。

アイドルも握手することで運を上げていますよね。

海外の人にも握手する文化があるのは、手を触れ合うことで相手と波長を合わせられると知っているからなのでしょう。

ブラックな職場とは縁を切る

長時間労働を強制されるとか、パワハラがひどいなどの、よくない職場と縁ができてしまうのは、自分の生き方の根本や性格に問題があるからです。

好きでそういうところで働くわけじゃない？　ええ、そうですよね。

多くの場合、お金に困っているからそういう職種を選んでしまうわけですよね。でも、そこから抜け出すには自分のステージを高めないといけないので、自分を磨く努力をすることが何より大切です。

一見よさそうな大手の会社でも裏でいろいろあるものですが、そういうところに入ってしまった場合も、まず自分の性格を反省してください。会社の知名度や給料の額ばかり気にするという人間性から生まれた縁かもしれません。

思うようにならなくて、「私、なぜずっとこうなんですか？」と聞いてくる人に、私は「その人格のせいですよ」と言うようにしています。

そうすると「否定された！」と受け取る方がいますが、そう言われて怒ってしまう、まさにその人格のせいだと気づいてほしいです。

お金に縁のない人は、なぜかあやしい仕事ばかり選ぶ傾向があります。

でも、自分の人間性が変わっていくと、そういう縁も変わっていきます。

お金に困っているときは、とりあえず生活しないといけないので、スタートの時点では多少ブラックな職場でもしかたありません。

その中で、腐らずに自分の仕事をやっていくことです。でも、その職場に染まってはいけません。そこに入った自分に問題があると思うこと。

スキルアップして職場を変える努力が必要です。頑張っていれば、「うちで働かない？」と、よそからいい誘いも来るかもしれません。

仕事のレベルが上がって収入が安定すると、自分が変われます。人に優しくなれたりもして、そこから本当のお金の稼ぎ方ができるようになります。

環境＝風水なのですが、自宅を風水で模様替えすることで人格に影響を与えることができます。考え方が変わり、自分自身を成長させることになります。

また、スキルアップへの意欲を高めたり、そのプロセスを助けてくれる風水もあるので、上手に使いましょう。

見えない部分も見える部分も大切にする

私自身の開運に関しては、おまじないや神社の効果は大きいと思います。神社は山の上にあることが多いので、山登りもできます。

また、いつも以上にまわりにもっと感謝しようと思う心がけが大切です。ドラマ「半沢直樹」の「大事なのは感謝と恩返しだ」という半沢直樹の言葉や「施されたら施し返す。恩返しです！」という大和田常務の言葉は本当です。

「今、私がここにあるのはみなさんのおかげ」という感謝の気持ちを持つこと。現実的でないことが一番お金につながっている気がします。

数字を見せることも大事。私のブログがアメーバに移籍したとき、上位にランクインしたのですが、そこで占い、スピリチュアル業界からの見方が変わったのを感じました。

ＳＮＳのフォロワー数、ＹｏｕＴｕｂｅの登録者数など、数字で見せてあげることによって、仕事でもプライベートでも人の反応が変わってきます。

アップダウンのある道を歩く

「宝くじを当てたい！」と言う人は多いですが、一攫千金的な臨時収入は、普通はなかなか入ってきません。

リスクもあるし、勝ち負けの波もあるでしょう。

そのために、自分自身もアップダウンのある生き方をして、自分なりのリズムをつくるといいのです。

山道や坂道などを歩くと、しんどいけれど運が向いてきます。

山登りは爽快感があるので、リフレッシュもできる面があって、「苦しさの先に何かある」という感覚が無意識に自分に浸透していくはずです。

人に対しても優しくなれたり、周りの人が苦しいときに助けてあげたり、逆に自分が苦しいときは、ちょっとした声かけで勇気づけられたり。

普段の生活での、そんなちょっとした積み重ね、人への優しさが、仕事のオファーや昇進の話などになって返ってきます。

そういう生き方にも通じる地形のアップダウンを、足を使って体感することで、お金のめぐりがよくなるのです。

さらに、そういう感覚は、ギャンブルにも大きくかかわってきます。

株や仮想通貨なども、いつ上がって下がるかわからないものですよね。

「上がりっぱなしはない」という感覚も養えると思います。

自然のリズムを感じることができていない人にも、山がおすすめです。

本格的な登山をする必要はありません。

低めで登りやすい、身近な山でかまいません。

ロープウェイのある、初心者でも登れる山で十分です。

それも難しければ、長い階段のある神社の階段を上り下りをしてみるなど、できる範囲でやってみましょう。

急な坂でもＯＫです。

家の近くにある坂を上り下りするだけでも、金運が変わってきます。

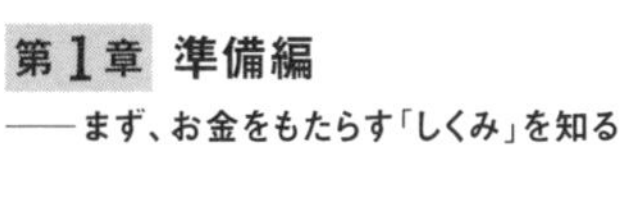

天気で運気は変動する

私たちの気分は、お天気にけっこう左右されますよね。

実は、運もお天気の影響を受けています。たとえば太陽の光が雲間から見えたら、「お金の流れが変わるのかな?」と結びつけてみることも大事です。

雨が降ったからと、普段は自転車通勤の人が電車で通勤すると、それだけでお金の使い方も変わったりします。また、いつもは行かない駅の売店やコンビニなどで、何も考えずにちょっとしたムダ遣いをしていることもあります。

それに気づけるかどうか、そういう意識も金運に影響してくるのです。

そして、天気とは空の状態。空の上にあるのは宇宙です。

太陽や月は宇宙にあるので、私たちに影響している。それによってお金も動いているというのが、実は客観性があって現実的な考えなのです。

それを「占いなんて」と考えてしまうほうが、もしかしたらお金に見放される生き方かもしれません。

金星にかかわるニュースに注意

プロローグにも書きましたが、天の動きを意識していくことも、金運を考える上で大事なことです。

新月に願いごとをしたり、満月の日にお財布を月に向けてフリフリすると金運がアップするなどといったことが流行っていますが、「もうすぐ満月かな」「そろそろ新月かな」と、月の動きを感じながら生活することも大事です。

さらに、西洋占星術では、太陽と月以外にも水星とか冥王星とか、あらゆる星の動きを見ていきますが、金運をつかさどっているのは金星です。

先日、金星に水がある、つまり生命があるかもしれないということが話題になりましたが、それはお金にまつわる何かが変わるサインです。

そう思うと、ニュースの見方も変わりますね。今後、金星にかかわるニュースが出たら要注意です。お金の流れが変わるときだと思ってください。

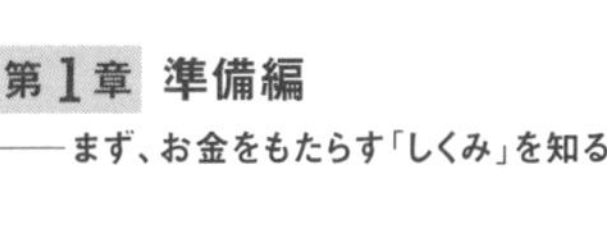

「陰の選択」をする

学生時代は、目立つタイプの陽の人がモテていたけど、社会人になると、まじめにやってきた仕事のできる人に女性の視線が集まったりしますよね。

陰を選ぶことが、あとになって活きてくることもあります。

あるとき、占い師仲間が落ち込んでいたので、一緒にライブをやりました。すると、その仲間だけにある大きな仕事のオファーが来ました。先方のオトナの事情で私は呼ばれなかったようなのですが、それでよしとしました。

そして、その直後に別の大きな仕事が入って、私の露出度がぐんと上がることになりました。前の仕事をやらなかったからこそ、その話が来たのです。

「私も」と思わないで、「私には別のものが来る」と思っていると、本当にそうなるものです。みんなが行く道をなぞるより、別のルートを選ぶこと。

逆張りするほど金運のチャンスがやってきます。無謀ではないことで、自分が「できる」と思う強い意志があるなら、必ず結果はついてきます。

負のお金に手を出さない

ちょっとこわい話をしますね。

お金には、幸せになるお金と不幸になるお金があります。

どんな手段で得たかによって、お金は次の5種類に分かれるのです。

純粋なお金……普通に自分で稼いだお金

勝ち取ったお金……宝くじの賞金など

吸い取ったお金……だまし取ったお金や税金など

黒いお金……闇献金、脱税などで得たお金

血に染まったお金……強盗や、人を傷つけて得たお金

この中で、普通に自分で稼いだお金以外は、不運を呼ぶ可能性があります。

陰で人に言えないようなことをして得たお金、つまり黒いお金はいつか白になって表に出ます。

つまりバレるのです。

人を傷つけたり、殺して奪ったようなお金も不幸を呼びます。

賞金や宝くじで得た大金は、よほど気をつけないと、浪費したり生活が派手になったりして、結局は借金を背負ってしまうもの。

人から吸い取ったお金、上前をはねたお金もマイナスのエネルギーを持っているので、不幸なお金の稼ぎ方です。

たとえ法律に触れなくても、自分が儲けたいと思ってちょろまかしたお金は、負のお金と思ったほうがいいでしょう。自分の中で罪悪感のない稼ぎ方をしたときだけ、いい循環になっていきます。

サイドビジネスにもいろいろなものがありますが、その中でちょっとでも罪悪感がある稼ぎ方をしたお金は、トラブルを呼びます。

まっとうに稼いだお金は幸せにしてくれますが、ここで話したようなお金の種類があるので、くれぐれも注意してください。

「人生のターニングポイント」で波に乗る

左のように占星術の「年齢域表」は、人生のさまざまなターニングポイントを教えてくれます。

その時々の課題や出来事は年代で区切ることができますが、表のように、それぞれの年代を支配している星があります。

26〜35歳は自己表現をつかさどる太陽の影響を受けます。

それがはじまる26歳あたりからアピールしたものがお金になるという、「26歳成功説」というものもあります。

また、それができなかったときは、29歳で起きるサターンリターン（土星回帰）という試練の時期に、家を出て独立したり、転職したり、自分で事業を始めたり、努力を求められるほうへ進むと金運が来ます。

36〜45歳は火星に支配されてバリバリ働く時期。アクションを起こすときです。

人生のターニングポイントを知る

占星術による 年齢域表

年齢域表と照らし合わせて、自分をアップデートしていこう

年齢	天体
0〜7歳	月
8〜15歳	水星
16〜25歳	金星
26〜35歳	**太陽　もっともエネルギッシュな期間!**
36〜45歳	火星　バリバリ働き、アクションを起こす
46〜55歳	木星　人を指導する。勉強し、教わるようにもなる
56〜70歳	土星
71〜84歳	天王星
85〜	海王星
死の間際	冥王星

26歳からアピールしたものは
お金になりやすい!

26歳成功説

29歳で環境を変えたり、
努力を求められるほうに向かうと
お金がやってくる!
サターンリターン

今までの状況が180°
変わることが起こる

42歳は人生で
大逆転が待っている!

59歳でまた人生が
変わるチャンス!

二回目のサターンリターン

そして、42歳前後で運命の大逆転が起きます。

ここでは天王星がかかわっています。

46～55歳では人を指導する立場になります。

もしくはもう一度勉強する喜び、教わる喜びを感じられます。

私自身、こういう流れを知っていたので、遅いのですが、26歳から一人暮らしをはじめました。

29歳の頃は占いの鑑定をするかたわら、より力をつけるために、ひたすら占いを勉強していたんです。

36歳で個人鑑定だけでなく、「原稿依頼をもらえる占い師になる。テレビにも出る」という方針に切り替えて、今、そのとおりになっています。

過去を振り返ってみて、あなたはどうでしたか？

年齢域表と照らし合わせて自分をアップデートしていくと、人生の波に乗りやすくなるので、ぜひ参考にしてみてください。

29 やりたいことは身銭を切ってでもやる

29歳の頃、私は鑑定で稼いだお金を占いの勉強に全部つぎ込んで、ストイックに学んでいました。同時期に大失恋をしたのですが、すでに西洋占星術と四柱推命をやっていたので、「恋愛よりも今は勉強を頑張るとき。このマイナスがあるから絶対に成功する」と思っていました。

勉強のために、難しい本ばかり読まないといけなかったのですが、そこでは予備校の先生のおかげで身についた、論理的思考力が役立ちました。

その考え方は、今も占いをするうえですごく役立っています。

結局、身銭を切らないと運が来ないのかもしれません。

今はまた次の転機を成功させるために、身銭を切る覚悟を固めています。

あなたも、「これが将来の糧になる」と思うことには、恐れずに自分のお金を使ってください。

そのことがきっと自分を助けてくれます。

うまくいかないことにこだわらない

うまくいかないときは、「本当はどうしてもこれを成功させたい」と思っていても、「これは運命だ」と思って受け入れたほうがいいものです。

以前、スタッフのミスでテレビ出演がなくなったことがあって、交渉したほうがいいかといろいろ考えましたが、結局、気持ちを切り替えました。「最初からつまずいたものは、きっとあんまりいい結果はないと神様が教えてくれているんだ。自分にとって、もっといい仕事がきっと来る」と思うことにしました。

そんな前向きなとらえ方が大事です。

あとはこの本を参考に、運気を上げるためにできることを実行しましょう。

ある程度、自分の努力のレベルが上がってくると、「あ、今、来てる」という感覚が出てきて、自然と幸運な流れに変わってきます。

そこへ行くまでは大変ですが、焦らず腐らずやっていきましょう。

31 開運テクニックの使いすぎは危険？

私たちの金運を決める要因を、あらためて強力な順に並べるとこうなります。

①宿命　②運命　③風水（環境）　④陰徳　⑤努力

この世界観の中で、①の宿命を知って活かすためのものが、東洋の占いでは四柱推命、西洋では占星術です。

③の風水（環境）の部分をコントロールしているのは風水や九星気学です。一白水星、二黒土星など、自分の生まれ年を考慮しながら、環境にまつわるテクニックを使って開運することがポイントになります。

風水や九星気学については注意点があります。

みなさん、「ラッキーカラーを大事にしたり、家の中の色や雰囲気を変えると運気が上がる」と思っているようですが、それは実際のところ、外から入ってくる悪い気から自分を守るだけのこと。

結局は、そもそもいい立地の家に住んで、いい仲間、いい職場などに恵まれている人のほうが勝ちです。

家の中の細かいところをどうにかしても、パワースポットへ行っても、悪い場所に住んでいたら、そちらの影響のほうが強いのです。

九星気学は、それに抗って開運するための小さな技を教えてくれます。

もうひとつの注意点は、そうやって開運しすぎると、宿命が機能しなくなってしまうということ。乗り越えるべき試練をなくしてしまうので、本当ならその苦しさの反動で成功するはずだったのに、実現しなくなったりします。

現状、貧乏で満足に食べることもできなくて、みじめな思いをしていたとして、それを開運テクニック頼みでしのいでいると、10年後も相変わらずパッとしない人生になっている可能性があります。

「いつかここから抜け出して成功してやる」と苦しんだり葛藤したりすることで、何年かのちに大成功する可能性が出てくるのです。

今の苦しさから逃げすぎると、待っているのは「そこそこの人生」。

開運テクニックはほどほどにして、自分自身を強くすることを考えましょう。

32 自分が幸運体質かどうかを知る方法

占いを勉強していた当時、実験として、凶方位にあたる悪い方位に引っ越してみたら、仕事が全然なくなりました。

屋久島などのパワースポットに行くときも、なぜか凶方位や行ってはいけない日に行くはめになりました。

やはり凶方位へ引っ越しをすると、星回りのリズムで、パワースポットに行ったりしても運の効用が出ないのです。

逆に、吉方位に引っ越したり、吉方位に従った生活をしていると、自然といい流れになっていきました。

今は、パワースポットに行くときの日取りや方位はまったく意識しません。

先日も宮城県の金蛇水(かなへびすい)神社に行きましたが、知り合いから「私も行きました！　巳(み)の日ですものね」と言われて、「あ、そうだったのか」と。

巳の日は龍神や蛇にちなんだ神社へ行くと金運が上がる日ですが、自分がその日を選んだことに、人に言われてはじめて気がついたのです。

幸運体質に変わると、そういう現象が起きます。

運のないときやまだ成長が必要なときは、やはり実験とはいえ凶方位に引っ越したくなったり、運気の悪い日を選んでパワースポットに行ったりします。

そういうときは、「まだお金を稼いだり、社会で成功する時期じゃない。何か足りないものがあるんだ」と考えて、努力に邁進したほうが運気が高まるものです。

自分の運気を確かめるやり方があります。実験として、ふと思いついたときに神社やパワースポットに行ってみてください。行ったあとで検証して、吉方位だったり開運日だったりしたら、運が来ている証拠です。

「運気がいいからパワースポットに行けたんだ」という逆の発想も大事です。

行く前と行ったあとの出来事でも、自分がいいリズムに乗っているかどうかがわかります。行く前日にいいことが起こったりするのは、行くのに適した方位だということだし、行って1週間以内にうれしい連絡が来たりするのも運気がよくなっている証拠です。

お金だって、生命がある

地球と人間は一体です。人間も地球の資源の一部でつくられています。

なので、意思がないように見えて、物体にはすべて意思があるのです。

私たちが死んで土に還ると、何らかの意思や記憶が植物や鉱物に残ります。

お金もそれらの資源からつくられているので、人間の思いが残っています。

楽しく使ったお金もあれば、必死で払ったなけなしのお金もあるでしょう。

そのお金についた不運や呪いのせいで、金運が落ちる可能性もあります。

その波長を感じ取れる人もいるはずです。

もし感じ取れなくても、「大切に使おう」と思ってください。

第4章「スマホ編」でくわしくお話ししますが、目に見えない電子マネーにも意思や命があります。

そういうつもりで接していくことで、より上手にお金を動かしながら、つきあえるようになります。

お金との関係は、恋愛と同じ

「お金、あると使っちゃうんだよね」という人。

それは、お金からの愛情が重いと感じている証拠です。

だから精神的に強くなる必要があるのですが、そもそも、お金からの愛情を重くしないためにはどうしたらいいでしょうか？


その答えは、お金を使うヒマがない生活をすることです。

仕事でも趣味でもいいので、そこに集中しているほうが、お金といい関係になれます。


恋愛でも、恋人からの愛情が重いと逃げたくなりますよね。

でも、自分を忙しくしてお金のことを忘れていると、よりかかってくる重さを感じないので、手放したいという欲求も出てきません。

しかも、そんなあなたをお金のほうが追いかけてくるので、どんどんたまっていきます。

「愛情はあるけど、忙しいときは連絡が来ても無視」というスタンスです。

そうすると、ますますお金が愛してくれるでしょう。

ヒマがあるとお金からの愛が重いので、使ってしまいたくなります。


お金との関係は恋愛と同じ。

駆け引き上手にならないといけません。

自分とかかわっているお金が、どんな表情をしているか想像すること。


お金との関係は、対等か、こちらがリードしているほうがいいのです。

対等なら、「ちょっと待って」とお金側が止めてくれることもあるし、自分が「これは必要なんだから」と押し切ることもあるでしょう。

くれぐれも操られないように気をつけて。

お金に操られていると、映画やドラマのシーンにも出てくるように、札束や金塊を目の前にしたときに、仲間と分けないで独り占めしたくなったりします。

あれがお金の魔力です。

「全部あなたのものにしてもいいのよ……」とお金の妖精がささやくのです。

そんな誘惑に勝つには心を豊かにすること。それしかありません。

わざと「マイナス」をつくる

この世は陰と陽の世界。プラスとマイナスはいつもセットになっていて、私たちはその両方を経験させられます。

プラスの中にマイナスがあり、マイナスの中にもプラスの芽が潜んでいます。

「楽しいことやうれしいことだけを経験したい」

「つねにトクをしていたい」

「いい人とだけ出会いたい」

「すべてが順調な人生を送りたい」

そんな願いは、「陽だけ、プラスだけの世界で生きたい」と言っているのと同じ。つまり、ムリな話なのです。

それなら、私たちはただ運命を受け入れて、いろいろな出来事に振り回されながら生きていくべき？

いいえ、それも違います。運命をコントロールする方法はあります。

そのひとつが、「ラッキーなこと、うれしいことがあったら、まわりに還元していく」という方法。

いいことがあると、必ずイヤな出来事もやってきます。もしくは、イヤなことが続いたら、それはこれからうれしい出来事が起こるサインです。

ただ、いいことのあとのイヤな出来事は、ガッカリ度も相当なもの。

なので、心に受ける衝撃を軽くしたり、なるべく防いだりするために、いいことがあったときほど、自分で何かしらのマイナスをつくるのです。

自分にとって少し負担になることや、人のためになることをしましょう。

誰かにプレゼントしたり、ごちそうしたりするのもいいかも。同僚の代わりに残業してあげるとか、損な役回りを進んで引き受けるのもいいですね。

「やった！」と思うようないいことがあったら、そんなふうにマイナスをつくってみましょう。逆に、何もないときにマイナスを先につくることで、仕事での大抜擢や思いがけない臨時収入など、幸運を引き寄せることもできます。

運をコントロールする知恵を身につけると、人生が面白くなりますよ。

COLUMN1

Loveちゃんのおかげで、
金運アップしました！ ①

~ライス関町さんの場合~

ソファを南向きにしてコンテストで優勝！

キングオブコントで優勝した「ライス」の関町知弘さんの開運の秘密は、家で南を向いて座るようになったことでした。

間取りを見ると、テレビはリビングの東側に置いてあるので、普通なら東向きにソファを置いたほうが見やすいですよね。

でも、彼は直感で「南向きにする！」と決め、「そっちの向きだとテレビが見づらいのに……」という奥さんの反対を押し切って、南向きに置いたのだそうです。

「君子は南面す」という言葉がありますが、南からは、才能や人気を伸ばすエネルギーを受け取ることができる方角。本人の直感と強いこだわりが加わったことで、そのエネルギーを強力に引き寄せることができたのでしょう。

第2章

お部屋編

――「ちょっとの工夫」でお金をぐいぐい引き寄せる

何もない部屋がベストではない

お金持ちの部屋って、スッキリしていますよね。

部屋に何もないとよけいなことに興味がいかないので、日々の自分にエネルギーを集中して注げるというメリットがあります。

でも、ものが多い部屋が絶対ダメということではありません。

心に寂しさがあるからお金を稼げるというパターンもあって、そういう人たちの部屋はものが多いのです。インテリア雑貨や小物をにぎやかに飾っていたり、膨大な「趣味のコレクション」があったり……。

大きくお金を稼ぐ人のパターンは、この2つのどちらかのようです。

捨てられる人は何も置かない家づくりをするといいし、ものが多くてどうしても捨てられない人は、整理整頓を心がけるといいでしょう。

中途半端にモノが多くて散らかった部屋は、金運には一番ダメです。

37 部屋の角を掃除する

部屋の角をきれいに掃除すると、財運や恋愛運がよくなります。

ホコリは部屋の四隅にたまりやすいということと、運気は全部部屋の角にあるといってもいいからです。

幸運をもたらすエネルギーは、部屋の入り口から対角線上にある角に流れ着いて、そこにとどまっています。

もしここの掃除をさぼってホコリや汚れがたまったり、カビが生えたりすると、そこから邪気が出てきてしまいます。

いくつも部屋がある場合、それぞれの入り口から対角線上の角が開運ポイントになるので、全部まめに掃除できればベストですが、休日にちょっと拭き掃除をするだけでも部屋の空気が変わるでしょう。

目に入りにくい場所をきれいにする心がけも、運気アップの秘訣です。

化粧箱やドレッサーを整理する

化粧品やこまごまとしたメイク用品などは、いつの間にかたまってしまうものの代表かもしれません。

新商品はどんどん出てくるし、手ごろな値段のものを見るとつい必要以上に買いたくなるし、外出先などで間に合わせに買ったりもして、化粧箱やドレッサーの引き出しの中がゴチャゴチャになっていませんか。

そういう状態だと、金銭感覚も乱れて金運が下がります。

「気がついたら、今月お金が足りない！」なんてこともあるかもしれません。

古くなったものや使っていないものは潔く捨てて、残ったものはきれいに整理しましょう。収納には、空いたスペースをつくることが大切なのです。

そうすることで、「稼いで新しいものを買おう」とか「節約して買おう」などと、お金に向き合えるようになって、判断力やお金の管理能力もアップしますよ。

39 トイレや排水口を掃除する

トイレや、お風呂や洗面所などの排水口は、汚れやすくて、なおかつ多くの人が「あんまり掃除したくない」と思う場所でもありますよね。

そのような場所を自分から進んで掃除できる人は、人が嫌がることができる人です。

そして、そこまで細かく目を配れる人は、いろいろな場面で人に対して雑にならないし、仕事にも一生懸命です。

だから金運がやってくるのです。

スプレーなどでイヤなにおいがしないように気を配ったり、手を洗う場所が濡れていたらサッと拭いておいたりするのも、あとから来る人を思いやれるという証拠。

そういう人は、人に愛されて金運が上がります。

カフェやレストランなども、トイレがきれいなところは繁盛していますよね。

それは、お客さんへの心遣いができているからです。

汚れがちな部分をいつもきれいにしていることは、使わせてもらっているスペースや、住んでいる場所への感謝でもあります。

そういう感謝の気持ちも金運を高めてくれるのです。

また、トイレは健康運と直結する場所。

自宅のトイレが汚れていると、日常的に悪いエネルギーにさらされることになり、身体が重くなってきます。

そんな状態ではしっかり仕事もできないし、元気に人に接することも難しくなり、お金を呼べる体質から遠ざかってしまいます。

ほうっておくと、やがて生活全体、人生にまで影響が出てしまうでしょう。

定期的に掃除をしてきれいにキープすることで、あなたの健康も金運も守ることができるのです。

㊵ 表札をきれいにする

見た目も大きさもほとんど同じ家が2軒あります。片方にはきれいで立派な表札がついていて、もう片方には汚れてボロボロの表札がついています。人がどちらの家に好感を持つかといったら、前者ですよね。

表札の汚れを放置していると、社会的な評価に悪影響が出てきます。なぜなら、表札は自分の看板で、「私はこういう人間です」と世間に知らせるものだから。

その大事な看板が汚れているということは、自分のよさを伝えられていない、いいプロモーションができてないということ。だから運が落ちるのです。

仕事相手から高く評価されることや、会社での出世を望むなら、まず表札をきれいに拭いてください。

その行為が、「自分の強みを伸ばそう」「自己表現を工夫しよう」という意欲も高めてくれます。

古新聞、古雑誌を捨てる

古新聞、古雑誌、古い情報は、基本的に捨ててください。

例外として、大切な思い出の1冊や、いい気持ちになれるようなものは取っておいてもいいでしょう。たとえば、見るだけで幸せな気分がよみがえってくる雑誌とか、自分が頑張った証の、資格の認定証とかお稽古事の免状とか。

でも、「あれも大切」「これも大切」と取っておいて部屋をいっぱいにしてしまうと、気が滞ったり、時代に乗り遅れた人になってしまう可能性があります。

古いものは過去のしがらみでもあります。そういうものをためこんでいると、新しい世界に踏み込もうとしても、足を引っ張られてしまいます。

とくに今の仕事をやめたい、転職したい、環境を変えたいと考えている人は、まず古いものを捨てて、新しいものを取り入れられる自分になってください。

そして、過去の栄光にはしがみつかないようにしましょう。

思い出は、つねに未来でつくっていきましょう。

42 冷蔵庫の賞味期限切れの食品を処分する

食材を冷蔵庫に貯蔵することは、貯蓄と同じ意味を持っています。

冷蔵庫は毎日の料理に使うものを出し入れする場所なので、とくに短期の金運と密接なかかわりがあります。

その冷蔵庫に賞味期限切れのもの、もう食べられないものを入れておくと、せっかく入ってきたお金を有効に使えず死に金にしたり、うまく投資運用していける意識が育ちません。

つまり、お金の流れが止まってしまうのです。

古いものはさっさと捨てて、整理整頓しましょう。

また、冷蔵庫の内側はまめに拭き掃除をして、いつもきれいにしておきましょう。

金運を招く間取りの基本

金運を招く間取りと一口にいっても、「どんな人でもバッチリ運気が上がる万能の間取り」なんてありません。

住む人がどんな願いをかなえたいか、またはどんな問題を解決したいかによって、おすすめの間取りは違ってきます。

玄関ひとつとっても、その人のニーズがわからないと「この方位がいい」と言えないのです。

そんなわけで、ここでは「これを望むなら、こういう条件の部屋に住むと金運につながりますよ」という例を、少しだけ紹介してみますね。

・東の玄関

仕事運を上げたい人には、東に玄関のある間取りがおすすめ。

東からは、発展を促すエネルギーが入ってきます。

この方位に玄関があると、毎朝気合を入れて出勤することができます。

仕事中も積極性を発揮して、新しいことにチャレンジできるでしょう。結果として、昇進昇格、給料アップという金運のよさにつながっていくのです。

・北東の収納

北東は、ギャンブルで大勝したり、いい不動産にめぐりあえる運気を持っています。宝くじを買いに行くときは、北東に収納していた洋服を着ていくといいでしょう。北東に緑色のグッズを置いておくと、さらに運気が上がります。

・西の窓

金運を招く方位はやはり西です。西に窓があると効率よく金運を取り込むことができます。黄色か、黄色が目立つ柄のカーテンを下げれば、さらに運気はアップします。もしお風呂などの水回りが西にある場合は、金運が流れてしまわないように黄色いアヒルのおもちゃを置きましょう。

・南のキッチン

南は名声を呼び込む方位。南のキッチンで料理をすると、栄養だけでなく人間関係の「ツキ」もチャージでき、セレブと出会える可能性も高まります。あなたが魅力的な内面の持ち主なら、きっとチャンスをものにできるでしょう。

玄関に置くだけで仕事運がアップするアイテム

伝説上の生き物である龍は、古くから神聖な存在として信仰を集めてきました。中国の皇帝もその力を借りていたそうです。また、風水の世界でも、龍の置物は運気アップの最強アイテムといわれています。

目上の人から引き立てられて仕事運をアップさせたい人は、家の中から見て玄関の左側に龍の置物を置き、その前に水を入れた杯を置きましょう。

新鮮な水であることが大事なので、毎日できるだけ取り換えることがポイントです。

龍にとって水はエネルギーの源なので、龍のパワーがさらに高まります。

そして、家の玄関は人との交流を表す場所。そこに龍と水を置くことは、仕事での人間関係を強力にサポートしてもらえます。

目上の人に注目されたり、引き立てられたりして、飛躍のきっかけをつかめるかもしれません。

この色で西から運気を呼び起こす

西は、陰陽五行では金行で表され、喜びや金運を示します。

金は土から生まれるので、西に土（財運）のエネルギーを表す黄色の物を置くと西が活性化し、金運が高まります。

私は西側の窓のカーテンを黄色にしたり、黄色のフクロウの置物を置いたり、仕事で使うパソコンの向きも西にしました。

カーテンは黄色い無地でなくても、黄色が目立つ柄でもＯＫです。

出世するには、南を向いて座ること。これは昔から中国でいわれていることで、「君子は南面す」ということにあたります。

地位を得ることよりもお金を稼ぐのに特化したいときは、西向きで作業するのがおすすめです。

西に窓がないのを気にする人もいますが、大丈夫です。「ない」イコール「多い」とも取れるからです。

たとえば、白いごはんの真ん中に小さな赤い梅干しを乗せると、赤のほうが目立ちますよね。それと同じ原理で、黄色いカーテンは下げられなくても、黄色い小さな置物を置くだけでも効果があります。

普段はコーヒーの人も、黄色い飲み物、オレンジジュースやパイナップルジュースを飲みながら、仕事してみるのもいいでしょう。

満月もイエローゴールドに輝いていますね。窓を開けて財布をフリフリするのもいいですが、私的には、満月をコインに見立ててそれが財布の中に入るイメージをすすめたいと思います。スマホをフリフリすれば、いい連絡が来ます。

西の浴室には、スペースに明るさを加えてくれる黄色のアヒルのおもちゃが必須です。西のトイレには黄色のマットを敷いたり、黄色のタオルを使うといいでしょう。

そこで気分が乗るなら、西の浴室で企画書や原稿などを書いてもいいかもしれません。西側に階段があって、そこに座るのが好きだと思ったら、そこで仕事をしましょう。自分が集中できるなら、机で仕事しなくてもいいのです。

仕事をするときに最適な方角がある

すでに書きましたが、私は部屋の西側に黄色いカーテンをつけて、黄色いフクロウの置物を置いています。**フクロウの置物は、仕事運、金運、健康運を上げてくれるラッキーグッズです。**

フクロウの首は２７０度も回るそうですが、あらゆる方向を見渡せるので、フクロウは仕事のトラブルを未然に防ぎ、商売を繁盛させる力もあります。

黄色いフクロウなら、ますます金運アップ効果があります。

あともうひとつ、仕事をするパソコンの向きも西向きにしています。

喜びや金運を表す西を向いて仕事をすることで、お金になる仕事のオファーが来ます。あなたも金運を高めるために、西向きで仕事をしてみましょう。

副業として何かしている人、たとえば動画の配信などをしている人も、西を向いて動画の編集をするといいでしょう。西を向くことでお金のことを意識するし、自分自身もお金と波長の合うエネルギーをまとうことができます。

ギャンブル運を高めるには？

ギャンブル運を高めるには、北東に緑色のものを置きましょう。観葉植物でもいいし、緑のぬいぐるみ、インテリア小物、カーテンなどでもいいです。

なぜ緑なのかというと、ギャンブル運は、一気に運気を上げたり、急激な変化を起こすことでついてくるからです。

五行では、北東は土のエネルギーで表されます。

土を活かすのは火のエネルギーなので、本来は赤と相性がいいのです。でも、それだと金運もゆるやかな流れになってしまいます。

一気に運を上げるなら、一般的には相性の悪い「木」と「土」の関係に注目すべきなのです。

ここで、プロローグでお話しした「木、火、土、金、水（五行）」の相剋の関係を簡単におさらいしましょう。

木は土の養分を吸うので、土から見るとイヤな存在。
火は金を溶かすので、金から見るとイヤな存在。
土は水を濁らせるので、水から見るとイヤな存在。
木は金（斧）に切り倒されるので、木にとってイヤな存在。
水は火を消すので、火にとってイヤな存在。

本来なら、その方位と相性の悪いものは避け、相性のいいものを置くのが一般的なやり方ですが、衝撃を与えて変化を起こすために、わざと相性のよくないものを置く方法もあるのです。

それをふまえて、土がイヤがる緑をあえてそこに置くと、それが刺激するエネルギーになって、驚くような変化が起こります。

こういうやり方で効果が出るのは、一攫千金ねらいのときです。

宝くじ、競馬、パチンコ、懸賞金などでまとまったお金がほしい人。

あとはメルカリや、株やＦＸのデイトレードなど、駆け引きで稼いでいるような人たちも試してみてください。

本や漫画を置く場所で、エネルギーが変わる

貯蓄運を上げるには、南西と北西のエネルギーを味方につけましょう。

南西は、地道にコツコツと積み重ねるエネルギー、毎日の日常を満たすエネルギーです。**稼いでお金をためたいなら、南西に置いたものでお金を稼ぐエネルギーが決まってくることを知っておいてください。**

とくに、南西にある本や漫画には大きく影響されるものです。

戦闘もののマンガなどがあると、社会で戦っていく意欲が高まります。古いところでは三国志、最近のマンガでは『キングダム』が大人気ですよね。読みながら社会での戦い方を考えさせられるし、自分の中に生まれた攻撃性を、どんな部分で使うと一番いいか、そういうこともマンガから学びながら、エネルギーを高めていくことができます。

恋愛もののマンガだったら「恋愛テクニックを駆使して玉の輿に乗ろう」という意識が高まったり、「もっと女子力を磨いてモテたいから、そういう自分

になるためにお金を稼ごう」と思うようになるかもしれませんね。

ちびまる子ちゃんやサザエさんなど、日常コメディ漫画や、ギャグ漫画などから吸収できるのは、楽しく生きるための心の持ち方や子どものような好奇心などです。笑いを求める人は安定を望んでいるので、笑いのあるマンガを置くと心が安定するかもしれません。

ホラーマンガは病んだ内容ですが、ストレスの強い人、外でいい人を演じている人たちは読んだほうがいいでしょう。

そういうジャンルのものは、意外と営業力を高めるのにいいです。

営業や接客業など、人に好かれて稼ぐ人、人にきらわれないように気を使っている人は、ストレス解消としてホラーマンガを置くといいかもしれません。

南西に置いた本の影響が強いのは、本は積んで収納したりすることも関係しています。南西のコツコツ積み重ねるエネルギーが高まるからです。

なるべくたくさん本を置くか、そうでなければ何も置かないこと。

ぽっかりと空いたスペースをつくることも重要です。そこに何もないからこそ積み上がっていくエネルギーが高まるという側面もあるからです。

強運をもたらす「神様スポット」のつくり方

北西は「天門」とも呼ばれていて、神様とつながる強運の方位です。**そこに神棚があると、貯金がうまくいったりします。北西は仕事運も司るので、仕事運を高めてお金をためるための方位といえます。**

実は、一番お清めしないといけない方位でもあるので、盛り塩を置くのもおすすめ。

匂いがこもったりしないように、消臭スプレーを北西に吹きつけてすっきりさせておくと、仕事運が高まって金運が高まります。

北西に神棚があると神様が守ってくれるので、ムダ遣いが減って貯蓄運も上がります。金庫も北西に置くのが一番いいのです。

神社でもらったお札やお守りなども神棚に飾りましょう。

買った宝くじも、神棚に置いておくと運が高まります。

そのままではなく、黄色いやわらかい布に包んでおくといいでしょう。

神棚といっても、ちゃんとした社になっているような、正式なものでなくてもかまいません。

そこにまつる神様も、有名な神様や氏神様でもいいですが、そうでなくても大丈夫です。自分にとっての神でいいのです。

好きなアーティストでもいいし、神様のように尊敬している誰かでもいいので、その人にまつわるものをいろいろ飾りましょう。

日本は八百万(やおろず)の神の文化なので、「この神様でないといけない」という決まりはありません。

そういうスポットを、何か所かつくってもいいと思います。

北西以外に置いてあっても、金運は上がります。

きれいな額や写真立てに自分の神様の写真を入れたり、パワーストーンやキラキラした小物なども、かわいく飾ってみましょう。

ちなみに私は、神社でご祈祷を受けたときにもらったお札、熊手、お守り、御朱印帳などを置いています。

南東の風通しをよくする

南東は風門・地門とも呼ばれ、風が入ってくる場所。

南東の風通しがいいと、いいオファーが来ます。窓があったらこまめに換気をして、エアコンのフィルターもきれいに掃除しましょう。

風鈴を吊るしておくと邪気も払われて、金運がとても高まります。

停滞感があって運気を上げたいときは、冬でも寒くても、3分間窓を開けて風通しをよくすると、いいオファーが来るでしょう。

南東は信用を表す方位でもあります。お金イコール信用です。

もともと、お金は紙や金属のコインでしかないものを、みんなが「価値があるもの」として扱っている。つまり信用があるということです。

部屋の南東の部分がきれいだと、人から信用されて金運が高まります。

逆に南東が整理整頓されていないと、信用を失い、金運が下がっていくので、気をつけましょう。

思うように稼げないときは、ここに注意

欲望が強すぎてガツガツしてしまうと、人はお金を稼げなくなります。

たとえばお客さんとしてお店に行ったとき、相手があまりにも「売ろう、もっと売ろう」という態度だと、買う気がなくなったりしますよね。

それと同じで、「お金がほしい」と思いすぎるのはよくないのです。

「すごくお金がほしい。でも思うように稼げない」という人は、家の北東の部分が乱れている可能性があります。

住まいの北東に面した場所が工事中だったり、そちらの方角に苦手な人が住んでいるような場合も、欲望に支配されてガツガツしてしまいます。

そんな自分の意識を変えるには、やはり部屋の中を整えるのが一番。

北東に窓があるなら、こまめに窓を開けて北東の風通しをよくすることです。

そして、ゴチャゴチャ物を置かないで、整理整頓を心がけましょう。

出世運をアップさせる、とっておきの方法

南は出世を表します。立地条件的に、南にひらけた家に住んでいる人は出世する可能性が高いです。

南から光を取り入れられるベランダがあって、見晴らしがいいのは、出世にはとくにいい物件といえます。

今、そういうところに住んでいなくても、南の方位を使って出世運を上げることはできるので、安心してください。

鳥のモチーフのものを使うと出世運が高まるので、金運もついてきます。

鳥の置物や鳥の絵を飾ったり、あとは鳩時計を壁にかけるのもいいですね。

また、南を向いて仕事することも出世につながります。

地位が高まることを優先するとお金が来る人、つまり組織の中にいて、昇進昇格でお給料が上がるような人は、南を向いて仕事するようにしましょう。

食事も南を向いてとりましょう。だんだん運気が上がってきます。

「闇の方位」に注意して、へそくり上手になる

北は人間関係や交渉力を表します。電子マネーの時代ではありますが、お金は人から人へ渡っていくので、交際や人づきあいを表す北の方位が、お金を呼んでくれる人と出会えるどうかを左右します。

周りにいいように使われてムダな仕事をしたり、効率の悪いことやっている人は、北をきれいにしないとなかなか抜け出せません。

また、へそくり上手になれるかどうかも北がきれいかどうかで決まります。

北は暗くて光が当たらないので、闇の部分を表す方位でもあります。

太陽の光が届かない海の底を表すので、「隠す方位」になります。

家の北側の湿気を取り除いてカビが生えないようにすること、きれいに整理整頓することが貯金や隠し財産の運を上げることにつながります。

あとは、気を整えて頭をすっきりさせてくれる北枕で寝るのもおすすめです。

お出かけ先でも身体の向きを意識する

第2章「お部屋編」では、「この方角を向くと、こういう運が上がる」という話がたびたび出てきます。

これは、もちろん外出先でもできる運気アップの方法。

でも、仕事をするときにどちらを向いているといいか、自宅だとわかりやすいですが、外のカフェなどではちょっとわかりにくいですよね。

そういうときは、スマホに方位磁石アプリを入れておき、その場でサッと調べてしまいましょう。

席を選べるカフェなら、自分にとっていい方角を向くことができる席を選ぶべきです。

何軒か行きつけのカフェがあるなら、「この店では、この席のこちら側」などと覚えておいて、使い分けができるとバッチリです。

風水は「意識」が決め手

占いの術は、自分が意識してはじめて発動します。

「運を上げるためにこの置物を置こう」とか「この植物を置こう」などと思ったら、方位を確かめて意図的に置くことが大事です。

単純に、季節のものとして買ってきたときは、置けるところでかまいません。あくまでも意識するかどうかで結果が変わってきます。

花も、意識して部屋に置くと、運気を高めたり、金運を呼んでくれます。

コツは、ワンシーズン早い花を買ってくること。そうすると季節の先取りができるので、運気が上がるのです。季節外れの花はいけません。

いくら好きでも、10月にひまわりを飾ったりしてはダメです。

もちろん、風水で力を発揮してくれるのは、造花より生花です。

ドライフラワーを置くと運が落ちるという人もいますが、気にしなくていいでしょう。開運のために使うつもりでなければ、影響はありません。

観葉植物を愛しすぎない

観葉植物はきれいな酸素を放出してくれるので、どの部屋に置いても、室内がプラスの気で満ちてきます。

とくに家の入口から対角線上に観葉植物を置くと、金運がアップします。**陶磁器やテラコッタ製の植木鉢を選ぶと、土の気も取り入れることができるでしょう。**

土の気は、「どうも人を信じきれない」という状態になっている人にも、人を信用する力を回復させてくれます。

ハサミを用意して、増えすぎた葉や伸びすぎたツルを定期的に剪定してあげることも大切です。

植物を大切に育てることは、いい人間関係を築く力にも通じ、人生のプラスになる人と出会える可能性が高まります。

ただし、ここで注意点をひとつ。

第2章 お部屋編
――「ちょっとの工夫」でお金をぐいぐい引き寄せる

観葉植物を部屋に置くと運気アップにいいのは確かなのですが、だからといってたくさん買い込んで、その世話に追われるようではいけません。

私が知っている元アスリートのタレントさんの部屋は、何もない部屋です。観葉植物や部屋を飾るためのものはひとつもなくて、がらんとした部屋に、ご自身がトレーニングするための広いスペースを取ってあります。

とくにおしゃれではないし、これといった開運アイテムもないけれど、私はいい部屋だと思うし、そのままでいいと思います。

その方にとっては、開運のためには自分を鍛えることが一番大事なので、植物を育てるより自分を育てるほうに、より多くのエネルギーを向けないといけないのです。

仕事が忙しくて、植物を育てるのがリフレッシュになっているというなら、いくつか置いてもいいでしょう。

でも、そちらにエネルギーを取られすぎると失敗してしまうので、くれぐれも気をつけましょう。

「動かす」「流れる」がキーワード

玄関に象を置いておくと金運が高まります。

インド風のものでも、アート風のものでもかまいません。

私もずっと前、たまたまもらった象の置物を置いたことがありましたが、そのときに運気上昇のきっかけをつかむことができました。

象は風水では子孫繁栄のシンボルです。「子孫を繁栄させるためにお金を稼がなければならない！」という印象を無意識に人間に与えているのでしょう。

龍の置物もいいのですが、より現実的な生き物を見ているほうが、お金が集まりやすいです。地に足をつけたどっしり安定した動物はお金にまつわるイメージと合致するので、お金を呼び込むには象が一番いいでしょう。

龍も、多くの神社に祀られているし、龍をイメージしていると運がよくなり、金運にもつながっていきます。運の部分を高めるという意味で、リビングなどの人が集まる場所に龍を置くのが効果的です。私もリビングに置いています。

象と龍、両方を近くに置いてもケンカすることはないので心配はいりません。

龍をもっと現実的にしたものは何かというと、水槽です。

金魚やエビを買うと金運が上がります。

風水では水に財運が宿るといわれているので、家の中で水にかかわる場所、キッチンやトイレ、お風呂などの水回りもきれいにしておくことが大事です。

ついでにいえば、体内の水分も滞っていないほうがお金を稼げます。

ホテルのまわりにはよく噴水がありますが、あれも金運アップに効果的。

お金も動いているものだから、流れの止まった水はダメです。

昔はいろいろな物資を船に乗せて運んでいたので、川が財運の象徴でした。

今はそれが道路に変わっています。

金運がよくないと思うときは、仕事に出かけるときの道順を変えてみましょう。いつもと違う道順を使うことで、水の気、財運に変化が起こります。

通る道に水（川など）があればなおいいですが、ただ道順を変えるだけでも効果があります。

アニマル柄でハングリー精神を育てる

花柄、星柄、ハート柄……見渡すといろいろなモチーフがあふれていますが、それらにもエネルギーを上げてくれる作用があります。

稼げる強い自分になりたい人におすすめなのは、アニマル柄です。

野生的、本能的なエネルギーを高めてくれます。

開運するには下品にならないことが大切なので、アニマル柄で全身を固めるのではなく、原則として、外からあまり見えないように取り入れてください。

一番いいのは寝具に使うこと。

それ以外では下着やパジャマなどに取り入れるといいですね。

本能を強化するには、「Are you hungry?」と書いた紙を部屋に貼っておいたりするのも効果的です。ハングリーにならないとお金はやってこないからです。

金運のためには、精神的にも物理的にも空腹でいることが大切です。

包丁を出しっぱなしにしない

基本的に、細かいところへの気遣いがお金を呼びます。

たとえば、使ったものは元の場所にきちんと戻す。

キッチンの水滴は、料理をするごとにきれいに拭き取る。

そこまで細かく目が行くと人への気遣いもできるので、愛されて信用され、お金になる話が来たり、「ムダ遣いしないようにしよう。余分なものを買わないようにしよう」というメンタルが生まれるので、お金が残ります。

ものを出しっぱなしにする人は気遣いも苦手なので、お金に縁ができにくいです。とくに、包丁などのとがったものは攻撃的なエネルギーを持っているので、いつまでも外に出しておくと、金運や人間関係運をバッサリ断ち切ってしまいます。刃物だけでもちゃんと見えないところにしまっておきましょう。

現実的には、部屋が汚くても、まわりに助けられてお金が回る人もいます。きちんとするか、できないなら、まわりに助けてもらえる人になりましょう。

トイレで浮かんだアイデアを大事にする

よく「トイレは清潔にしよう」といわれますが、それはトイレ掃除を好んでやる人が少ないからです。

人がイヤがることを率先してやれるメンタルになると、人に優しくなれて、愛される魅力につながります。

そうして人に好かれ、「あの人に仕事を頼もう」となって、お金が生まれます。

いい成果が出せれば、ますます魅力的になり、より愛される。

そういうメカニズムになっているのです。

もうひとつ、人間にとって、排泄する場所というのは循環を表します。

つまり、生命や気の流れを司る場所でもあるのです。

循環させるところをきれいにするのは運が来る秘訣のひとつ。

トイレでスケジュールを確認するのはよくないという人もいますが、私は、トイレで仕事のことを考えるのがよくないとは思いません。

昔から「三上」という言葉がありますね。

「馬上、枕上、厠上」、つまり移動中や布団に横たわっているとき、トイレに入っているときは、ひらめきを得やすいといわれているのです。

とくにトイレで浮かんだ発想は、循環させる力があるから、いいものになります。

アイデアが湧いたら、手を洗ってすぐメモしましょう。

ただし、長居は禁物です。

長居しすぎると血行が悪くなって、健康を害したりする可能性があるからです。トイレに長い時間いすぎると精神的にも健全でなくなるので、金運が落ちてしまいます。

なので、トイレで本を読むのはやめましょう。

人は健全なメンタルだからこそ「戦おう、頑張ろう」と思えるので、その部分は大事にする必要があります。

健全なメンタルであれば金運が呼べるのです。

ミニチュアの家具で金運の妖精を招く

都市伝説として有名な、「幸せを呼ぶ小さいおじさん」。

東京の神社でも目撃されているようです。

幸せを呼んでくれるということは、当然、金運も上げてくれます。

小さいおじさんを家に呼ぶには、シルバニアファミリーのグッズや、ミニチュアの家具などを置いておくといいでしょう。

小さいおじさんが家に来てくれると金運が高まるので、遊んだりくつろいだりできるスペースをつくってあげてくださいね。

厳密にこの大きさというのではなく、自分が「これくらいかな」と感じるサイズで大丈夫です。

ミニチュアのフィギュアは、小さいおじさんだけでなく、妖精さん、座敷わらしなどを呼ぶのにも使えます。

座敷わらしは子どもなので、おもちゃやお菓子を置いていくといいといわれますね。

確かにお菓子を置くのもいいですが、うっかり置きっぱなしにしてアリがたかったりしないように注意しましょう。

コーヒーやお茶も、少しの間出したらすぐ下げましょう。

小さいベッドや椅子を置いておくのが一番無難かもしれません。

あとは、小さいおばさんのフィギュアを置いておくと、おじさんが喜んで来てくれるかもしれません。

人によってはその姿を見られるかもしれませんが、見た目のかわいさは期待しないでください。

自分の中で美化しすぎると、会ったときにショックかもしれないので……。

でも、ちょっとヨレヨレでも汚くても、お金を運んでくれるので、大切にすべき存在です。

姿を見られなくても、いつの間にかその家具の位置がズレていたりしたら、それは、小さいおじさんが来てくれたのかもしれません。

相性のいい土地に住む

自分が成功したい分野と、相性のいい土地に住むことは重要です。

たとえば芸能人なら、渋谷・新宿・目黒・港区周辺に住むべきです。まったく異なるカラーの街や、都心の繁華街から遠い郊外などに住んでいると、ブレイクするのが難しくなります。

華やかさが直に体験できるような場所にいないといけません。

違う職業の人は関係ありませんが、芸能人の場合はいかに最先端スポットに行って運を引き出せるかといったことを考える必要があります。

そこの土地柄、駅で降りたときに感じる雰囲気ってありますよね。

そこに住む人は、そういう気をまとうのです。

通勤などで違う環境の土地に行ったとき、それがプラスと出ればいいですが、「雰囲気の合わない人ばっかり」とかだと、人間的にうまくやれない、だから仕事運が上がらない、出世できない、金運が上がらないということになります。

そうならないために、たとえば帝国ホテルのような場所へ行って食事して、高貴なオーラをまとってから人と接する。そうするとうまくいきます。

運が悪いと思ったら、そもそも住む場所を変える、町の雰囲気を変えることが必要です。お金がかかりますが、身銭を切るから逆に運はつきます。引っ越しのときにいらないものを捨てて身軽にもなれるし、次に住む家でもスペースが生まれるから新しいものが入ってくるし、人との出会いも入ってきます。

人はいろいろなものを抱えていると重いので、新しい人が来てもつながろうとしません。失恋したら、過去を忘れて次の恋愛に行く人がいい出会いが多いのです。仕事もしがみつかずに、「ダメだったら次」と思えばいいのです。

土地との相性を判断するには、そこへ行ったときに「いいな」と思える場所かどうか、「自分もこうなりたいな」と思う人たちが住む場所かどうかを考えましょう。ファッション関係でも経営者でも、自分がやりたい職業の人が多く住むような街に引っ越せば、その職種で稼げるお金がやって来ます。

まずは環境、住む家を変えることがお金を呼びます。

COLUMN 2

Loveちゃんのおかげで、
金運アップしました！ ②

〜あるギャンブラーの場合〜

緑色の人形に応援されて絶好調!?

以前、番組のロケで女性タレントさんの自宅を風水鑑定したのですが、彼女はテレビ番組でいただく賞金や商品で生計を立てたり、ギャンブルで生計を立てていました。ギャンブルでコンスタントに勝てるのは、相当運が強い証拠。

彼女の部屋の北東には、緑色のグッズや人形がたくさん飾ってあります。北東はギャンブルに関係する方位で、五行でいうと土。本来は、土のエネルギーを高める赤いものを置くといいのです。逆に、木や水は相剋にあたるので、一般的にはよくありません。**でも、あえてそこに木のエネルギーを表す緑のものを置くことで、運に刺激を与えることができます。**「緑を北東に置くと金運がよくなるんだよ」と伝えると、「そうなんですか！　知らなかった！」と無意識にやっていた自分に驚いていました。

第3章

食べ物・暮らし編

――お金に恵まれる「おまじない」をかける

バナナは最強の開運フード

黄色い食材は金運を高めます。

東洋の運命学の中では、木行、火行、土行、金行、水行の五つの要素をすべてバランスよくすることが運気を高めると考えますが、金運を高めたいなど、一箇所を活性化させるには偏りも大切だったりします。

突出したエネルギー、もしくは逆に欠けているエネルギーがあるから、その部分を全員で補おうとする力です。

22ページでいうと、木行は自分自身を表します。

火行は収入を表し、土行がそのお金を管理できるかの財運を表します。

財運を表す土行は色で表すと黄色、茶色です。

仕事運を表す金行は色で表すと白、形は円形。

地位や名声を表す水行はそのまま水分も含みますが、色で表すと黒。

自分自身を表す木行は色で表すと、青や緑。形は長方形、細長い形。

こう考えると、バナナは、収入を表す火行以外の４つの要素、木行、土行、金行、水行（バナナの場合、熟した部分）の要素をすべて持っています。

なので、自分自身がいい仕事をし、地位を高め、財運を呼び込むのに最強の食材。

ただ、一番大事な収入を表す火行が欠けています。

そのエネルギーをほかの４つの木行、土行、金行、水行のエネルギーが補おうとし、収入をアップさせる火行の力を生み出します。

また、バナナは、食物繊維が豊富なので、腸も活性化してくれます。

腸は土行と対応しているので、腸が活性化すると財運を高めます。

腸が整っていると、幸福感も感じられ、金運を高めてくれるのです。

そのほか、バナナは免疫力を高めてくれたり、強い抗酸化作用も入っているので、アンチエイジングにもつながり、若く働くエネルギーを作り出してくれます。

仕事運も高めてくれるでしょう。

キウイには食べるべき時間がある

金運を上げたい人はキウイを食べましょう。

キウイの中でも、とくにゴールドキウイが金運を高めてくれます。

お金を稼ぐにはビタミンをしっかりとって元気でいることが大事ですが、キウイはビタミンCをはじめ、栄養豊富な果物として知られています。

食物繊維が豊富なので、腸も活性化してくれます。

腸をよくすることは金運を高める行動。

皮が茶色で、果実が緑か黄色、酸味があるというキウイの特徴は、ギャンブル運を向上させる作用も持っています。

キウイを食べる時間帯は、丑三つ時の午前2時頃をはさんだ午前1〜3時がベストです。

なぜそんなあやしい時間に食べるのかって？

この時間帯は日本でも「丑の刻参り」に使われたりして、特別な意味があることはみなさんもご存知でしょう。

風水や東洋の運命学の世界では、時間と方角と干支を関連づけて考えます。

午前0時（午後11〜午前1時）は子（北）、午前2時（午前1〜3時）は丑（北東）、午前4時（午前3〜5時）は同じく寅（北東）、という具合です。

午前1〜3時は変化を示す丑＝北東に対応しているので、停滞している運気を動かす力があるのです。

もし寝る前に食べるのが難しければ、同じく変化を促す寅＝北東に対応する早朝5時でもかまいません。

キウイとヨーグルトを一緒に食べると、腸のはたらきがますますよくなって、パワーアップします。

できれば丑寅の方角にあたる北東を向いて食べてください。

そちらを向いて開運フードを食べることで、運気を改善し、お金がたまりやすくなったり、物事がうまく進むようになったりします。

この飲み物でチャンスを呼び込む

昔は、お茶というと麦茶を飲んでいましたが、健康にいいからと人にすすめられて、ルイボスティーに変えてから金運が高まりました。

出版の話が来たり、いい仕事が入るようになったのです。

ルイボスティーの原料になる豆はアフリカで育ち、現地では不老長寿のお茶と呼ばれているそうです。実際に老化を抑える抗酸化作用がとても強いので、美しさや健康にいいのは間違いありません。

麦茶や緑茶を飲む人のほうが圧倒的に多いので、人と同じでないという点もいいと思うし、若い戦うエネルギーをつくってくれるのも魅力です。

見た目の雰囲気で、「この人、いつでも若々しくてこの年齢に見えないいな」「いい人生を送っているんだろうな。幸せなんだろうな」と思われるような自分になることも、金運アップには大切なのです。

どの肉を食べるかで運気が異なる

陰陽五行の考え方はいろいろな場面に応用できます。

肉を食べるときも、五行を意識して食べると、そのときに必要なエネルギーを取り込むことができます。

たとえば牛肉。焼肉は、人と仲良く交流する木行に対応しています。コミュケーションを取りながら楽しく食べるのに最適です。接待でもよく使われたりしますよね。

でも、「みんなで楽しく」というエネルギーなので、下心をもって焼肉デートをしても、楽しいだけで口説けずに終わるでしょう。

焼き鳥は、瞬発力を高め、疲労回復に役立つ火のエネルギーを持っています。その場だけぱっと楽しんで、終電で帰る感じです。

豚肉は恋愛運を高めます。身体を冷やす作用があるので、寂しくなり、身体を温めたい気持ちが恋愛につながります。

恋がはじまるかどうかわからない、ドキドキの段階でのデートは、韓国料理屋さんで豚肉を食べるといいと思います。

お肉の中でも、金運に効くのが鹿肉、猪肉、熊肉など野生動物の肉（ジビエ）です。これらは金行で、生きる本能を呼び覚まして金運や仕事運を高めます。

恋愛にももちろん効きます。マンネリ化して空気みたいになった夫婦とか、すでに何度もデートを重ねたカップルにはいいかもしれません。

稼ぐチャンスをつかみたいときのおすすめは、北海道の郷土料理、ジンギスカンです。

ラム肉（子羊の肉）には脂肪燃焼効果の高い「カルニチン」という成分が多く含まれ、ダイエットにいい食材としても有名ですが、それだけではありません。

寒い地方の料理なので、身体を温めてくれて、燃える闘争本能を呼び覚ます働きもあります。

もともと、それが欠けているせいでお金が稼げない人が多いのです。

「仕事を頑張る意欲を出すには、ジンギスカン」と覚えておきましょう。

良質な油をとる

陰陽五行では、火が収入を表すとともに、油や心臓循環器系を表します。火のエネルギーを持った良質な油を含んだ食べ物を食べると、お腹が満足すると同時に金運も高まります。

油っこい食べ物は、気をつけないと胃もたれの原因にもなって、逆に運を下げてしまうので、良質の油という条件がつきます。

焼肉なら上カルビ、とんかつやステーキならヒレよりもサーロイン、まぐろのトロやサンマもいいですね。ビールを一緒に飲むとストレス解消にもなるので、「さんまにビール」は秋の金運アップに最高です。

ジャンクフードが絶対にダメということではありません。ポテトチップスなどは、手軽に取れる油ものとして、試験、ギャンブル、勝負事などで一瞬運気を上げるにはいい効果があるのです。

ただ、一攫千金狙いは欲の感覚を強めます。

あまりギャンブルにはまってしまうと、世間から見たイメージもよくないし、自分自身から「そういう空気」も出てきてしまいます。

ギャンブルは、「たまに、お遊び感覚で稼ごう」くらいが正解。

ポテトチップスばかり食べて金運を上げようとすると、欲の塊になってしまいます。

「今日はギャンブルで勝った！」で終わらせることができず、「もうちょっとやればもっと儲かるかも」と、深追いしたりします。

これでは、良質なお金の流れは来ません。

長期的な金運のよさを維持したいなら、ポテトチップスは小腹が空いたらたまに食べる程度にして、良質な油の入ったものを選びましょう。

ためるより攻めていきたい人、仕事運が悪くて金運が来ないという人は、味つけでは辛いものが効果的です。

ピリリと辛いカレーや麻婆豆腐などを食べる回数を増やすと、戦うエネルギーが蓄えられます。

68 金運を高めてくれるスイーツは何？

金運を高めてくれる食材でおすすめなのは、栗です。

栗には、ビタミンCやビタミンB1が豊富に含まれています。

ビタミンCは、免疫力をアップさせて風邪なども予防してくれます。

ビタミンB1、精神の不安定さや、うつ傾向をやわらげてくれます。

その両方をたっぷりとれる栗は、心も身体も元気にしてくれるのです。

また、栗の実はトゲでしっかりと守られていますよね。

これは、お金や宝物を大切に守ることにも通じます。トゲがあるので素手ではつかめなかったり、けっこう手に入れるのが大変だったりもします。

そういう「苦労を乗り越えてお金を手に入れるイメージ」もお金を呼びます。

金運を上げたいときのスイーツは、もちろん栗がたっぷり使われたモンブランが一番のおすすめです。

苦みのある食べ物でエネルギッシュに

土行は財運、穀類、胃腸消化器系などを表します。

財運を高めたいときは、土を生かす作用のある火行の油系の食べ物のほかに、苦みのある食べ物も効果的です。

ビターチョコレート、ピーマン、ゴーヤなどがいいでしょう。

それらの苦味成分にはポリフェノールが含まれていて、血流改善をはじめ、さまざまな健康効果があります。**血流がよくなると頭のはたらきもクリアになり、何かを手に入れようという気持ちが高まるので、金運も高まります。**いいアイデアも浮かびやすくなります。

あとは、自分の状態によって食べ物を選ぶことも大事です。

たとえば「私は今、精神的な元気さや前向きさが足りない」と思ったら、ビタミンBなどの豊富な栗がいいのですが、「戦うために行動を起こすエネルギーが足りていないかも」と思ったら、苦みのある食べ物がパワーをくれます。

この色の食材がベスト

食材の色にも触れておくと、黄色、茶色系が金運を高めるのは確かです。

たとえば、カステラ。色は黄色と茶色、形は四角いので、お金がたまる要素が全部つまった食べ物といえます。

昔から、手みやげや贈答品にも使われているカステラは、食べるとちょっと高級な気分になれるという点でも金運にプラスになります。「私なんて」と、ちょっと卑屈になっている人も、ネガティブな気分がやわらぎます。

ただし、食べ物の色は、運気を上げるという点では優先順位が低めです。お皿は残るけれど、食べ物は食べるとなくなってしまいますよね。

それに、食べ物は健康に直結するので、いいものを吸収し、身体によくないものは避けることが大切です。**黄色や茶色がいいからと、合成着色料たっぷりのお菓子などは選ばないように。**

食材は栄養価や含まれる成分優先で考えて、色は最後と考えましょう。

豆乳やアーモンドミルクがいい理由

金運を上げる飲み物としては、牛乳もいいですが、豆乳のほうが金運を呼ぶ力は強いでしょう。豆乳には胃腸消化器系を整える作用があるからです。

普通のラテよりはソイラテのほうがいいでしょう。牛乳は、人によっておなかをこわしたりするので、金運を下げてしまう可能性があります。

アーモンドミルクも金運アップドリンクです。

若返り、ビタミンE、抗酸化作用、末端の血管の活発性を高める作用があります。すなわち、活動意欲が高まるのです。

また、食物繊維が豊富で、腸内のお掃除もしてくれます。

幸福感や財運は腸と対応しています。

おなかの調子がいいのはストレスがない証拠。

つまり、幸せや満足を感じているので、安定したエネルギーにひかれてお金のほうから集まってきます。

腸を整えてくれる食べ物や飲み物は、そういう生き方をしようとする人を助けてくれます。

そのまま飲んでもいいし、コーヒーに入れてアーモンドミルクコーヒーにして飲むのもいいですね。コーヒーの苦みは財運を呼ぶので、アーモンドミルクは、できるだけ無添加のものにしましょう。スーパーなどで売られているものは添加物が多いこともあるので注意ですね。

ストレスを解消したい人、ギャンブル好きの人にはビールもおすすめですが、1杯か2杯にすること。飲みすぎておなかをこわすと金運が下がります。

すべての食べ物や飲み物にいえることですが、どんなに栄養価が高くても、金運にいいといわれていても、取りすぎはよくありません。

すべてに陰と陽が絶対に存在します。

陽をどんどんためると陰に変わるし、陰をためると陽に変わります。

極端なことをすると安定感がなくなってしまうのです。

今の自分に何が足りないのかを考えて、それを補いながらバランスをとることが一番大事です。

暑い季節には「戦う力」をくれるものを

暑い季節に、どれだけ戦う力を身につけるかが金運を高めます。

暑いからといってダラダラしていると、稼ぐ力は落ちるばかり……。

ついなまけてしまう暑い季節でも、仕事の力を蓄えられる人のところに、お金はやってくるのです。


このときに食べる苦いものは、身体の熱を取って暑さを和らげてくれるゴーヤが最適かもしれません。


戦う力という点では、アーモンドも元気をくれます。

良質な油が入っているし、ビタミンEが豊富なので血行がよくなり、活動的になれます。

冷蔵庫にストックしておくべき5つの食材

金運を上げてくれる食べ物や飲み物を、いくつか紹介してきましたが、ここで、毎日の食事で運気を上げるための「食材リスト」をまとめて紹介します。

どれも簡単に手に入るものばかりなので、冷蔵庫に常備して、どんどん開運体質になってくださいね。

【1】チェダーチーズ

金運アップに効く黄色のチェダーチーズを食事に取り入れましょう。

チーズは歯を修復してくれる作用もあることがわかっているので、金運のために大切な歯も守ってくれます。

【2】ヨーグルト

仕事運をアップさせて金運をつかむためには、腸を整えることが大事。

乳酸菌の宝庫であるヨーグルトは、整腸作用があるだけでなく、信頼の象徴である白のエネルギーを持っています。

【3】納豆

お金は人とのつながりによって入ってきます。納豆は人間関係運をアップさせる食材。ネバネバ成分があなたの求心力を高め、人の縁をつくったり、大切な人との絆を強めるパワーを与えてくれます。

【4】キムチ

お金と生命は一体です。金運アップのためには、健康で活力にあふれていることが何より大事。金行であるキムチを食べると元気が湧いてきます。

辛い食材は身体の免疫力も上げてくれるので、季節の変化やウイルスにも負けない強い身体づくりに役立ちます。

【5】ブルーベリー

人を引きつける魅力はお金を呼びます。

魅力的な人の特徴は、目が輝いていること。ブルーベリーは目の健康にいい成分をたっぷり含み、美容にも効く食材です。

また、紫色がセクシーな雰囲気もプラスしてくれます。

74 稼ぐ元気は、この方角の食卓がもたらす

金運を上げるには、まずお金を稼ぐ元気がないといけません。

元気を出すには東の方位を使います。東は日が昇る方位でもありますよね。

東にあるものが自分に影響して、お金を稼ぐ意欲を高めます。

たとえば東にテレビを置くと、そこから情報を得たり、好きな番組を見てリラックスすることで、元気を吸収することができます。

東で調理したものを食べると元気になり、東を向いて食べるとお金を稼ぐエネルギーがわいてきます。

一人暮らしの人などは、食卓もパソコンを打つのもひとつのテーブルということが多いと思いますが、どこを向くかは自分で変えられます。

意識してやることで運をつかむエネルギーが生まれます。

毎日でなくても、大事なときだけでもいいので、きちんと実行しましょう。

四角いお皿を使う

食べ物の形そのものは、金運にそれほど大きな影響はないので、あまり意識しなくてかまいません。

もし形のエネルギーを取り入れるとしたら、食器に注目しましょう。

四角は現実を表します。丸は循環、三角形は表現に通じます。
その形を見ることで、そういうエネルギーが入ってくるのです。

おせち料理の重箱は四角く区切られていますよね。仕切りがあったほうが高級感も増して、視覚にも心地よい影響を与えるのです。

普段使うお皿も、四角いものにすると、ムダ遣いが抑えられ、貯蓄運が高まります。「お金をためる」という地に足の着いた感覚を育ててくれるのです。

循環を意識させてくれる丸いお皿は、仕事運を高めて金運アップしたいときに最適です。

「金運が上がる」と思いながら食べる

お金は、ボーッとしていても集まってきません。

金運アップの食べ物を食べるときも、一番大事なのは自分がどういう気持ちで食べるか。「これで金運が上がる」と思うことが大事。

ボディビルとか、スポーツをやっている人にこれを言うと、みんなうなずくのですが、身体を鍛えるときも「自分は今、ここを鍛えているんだ。ここを強化しているんだ」と思いながらやると、筋肉のつき方が違ってきます。

頭の中にイメージがあるかどうかで、結果が変わるのです。

金運アップも同じ。何もせずに運がいいのは、生まれ持った運がいい人だけ。そうでない人は、毎日のちょっとした意識改革の積み重ねで、引き寄せていく努力が欠かせません。食事をするときは、「金運が上がる！」と思いながら、楽しい気分で食べてくださいね。

土に触れる

財運を表すのは土行なので、土に触れることで、お金を管理・運用する能力を伸ばすことができます。お金は現実、大地も手で触れられる現実。

そことつながることで、お金への意識が高まるのです。

土は消化器系の臓器も表すので、大地から生まれるものを食べて消化することでも、土のエネルギーを取り込むことができます。

畑仕事をしたり、花壇やプランターなど土に触れて花を育てたり、芋堀りに参加したり、大地の恵みに感謝する気持ちを持つ。

そういうことをやってみると、お金の神様が微笑んでくれます。

自分自身もさわやかな気持ちになれるでしょう。

そうするとお金は、「あの人、すごくいい心を持っているから、遊びに行ってみよう」と思うのです。

78 ご縁がほしい場所に行って飲食する

あなたが「入りたいな」と思う会社や「ここと取り引きできたらいいな」と思う会社などがあれば、その近くで飲食したり、お店のポイントカードをつくったりすると、その場所の気をまとえるので、ご縁ができます。

また、自分が「こういうところに身を置く自分になりたい」と思う場所をパワースポットに見立て、そこへ行って金運を高める方法もありです。

飛行機に乗るときも、できれば空港のラウンジで飲食するとか、新幹線ではちょっと無理してグリーン車に乗ったりすることも大切です（すごく無理しないとできない場合は、余裕ができるまで待ちましょう）。

小さな積み重ねで豊かな気をまといながら、現実的な努力を重ねていけば、お金に困らない状況は自然と引き寄せられてくるのです。

人気の店に行くのはブームがおさまってから

飲食店も神社の場合と同じで、テレビなどで人気が出てから行っても、そこには運も何もありません。ブームがおさまってから次の取材が来るまでの間なら、運が回復しているので、いい効果があるでしょう。

繁華街や遊園地なども、行って楽しいならいいのですが、落ち着かなかったり楽しくない場合はもう行かないことです。自分に合うかどうかです。

お店がリニューアルするのは、運を回復させるためです。

風水では20年ごとに運が切り替わるので、そのころに改築や増築をします。

もともと完璧な家はないし、いい状態はずっと続きません。

城も都市も、どんなに用意周到に建設しても廃れていくもの。

効果がなくなって改良すべきときがやってきます。

賃貸物件も、そのまま長く住み続けると運が停滞します。

せめて家具の買い替えなどをして、新しい風を入れましょう。

鼻の毛穴をきれいにする

人相学では、鼻が金運を左右するといわれています。

鼻の穴が大きく見える人は、稼ぐ気持ちが強いです。鼻の穴が締まっている人は節約家です。にんにくみたいに小鼻が大きく張っていると、いいときはいいのですが、波があります。でも稼ぐバイタリティはある人です。

鼻毛が出ていると財が出てしまうので、定期的にカットするなどして気をつけましょう。

鼻筋が通りすぎていると、我が強くなります。「自分が自分が」というスタンスになりがちなのです。自分がトップのポジションにいて、ワンマンで仕事が回っているならいいですが、普通の人はそれだとお金が来ません。

自分がまわりから浮いていると思うなら、協調性を持ちましょう。

団子鼻の人には愛される人が多いです。有名になっている人は、鼻がスッと高くてすごくきれいなモデルさんタイプよりも、団子鼻や、鼻先がちょっと丸い人です。愛嬌のある感じの人ですね。

鼻の毛穴が汚れているのは、ストレスがあったりしてお肌に影響が出ているということなので、お金が逃げてしまいます。

人相や風水など東洋の運命学の世界では、「勢来形止」という言葉があり、「先に勢いが来て形に止める」という考え方です。

鼻の毛穴はあらかじめきれいにしておくと、ストレスがたまっても多少汚れても、ギリギリセーフです。それでも、つねにきれいにしておきましょう。

ただ、そこに意識が集中しすぎるのもよくないので、ほどほどに……。

毛穴パックをたくさん買ってお金を使いすぎると、それはムダな行動になってしまいますから。

先取りの考え方は、いろいろなところで使えます。

たとえば仕事が忙しくなると、部屋やデスクまわりを片付けられなくなりますよね。**ですから、先にきれいにして、いつ忙しくなっても大丈夫なようにしておくのです。**そうやって意識をつくることで、金運を呼ぶことができます。

歯のメンテナンスをする

風水では、口は運気の入り口。

金運を上げたいなら歯のメンテナンスは必須です。

歯が汚れていたり、虫歯があるとお金から見放されてしまうといわれています。ちっともお金がたまらなかったり、なぜかトラブルに巻き込まれたりして、苦労が絶えなくなるのです。

歯間ブラシなども使って丁寧に歯磨きをして、汚れ＝悪運を落としましょう。

自分でどうにもならない虫歯や欠けた歯などは、歯医者さんに行ってきちんと治療すると金運が上がります。

また、私たちの歯には、部屋の西側の状況が反映されます。

西側に汚れやホコリがたまらないように、掃除に気を配りましょう。

水回りがある場合は、カビが発生しないようにこまめに換気することです。

手をきれいにする

お金持ちの人を見ると、みんな手がきれいです。

手がきれいかどうかで、その人にお金がくるかどうか見えてきます。

普段から手がカサカサにならないように気をつけていたり、考えていることが純粋だったり、人のためになることを考えていると、手がきれいに見えるのです。

多少口が悪かったりしても、手には本当のその人が表れます。

そして、人間の思考パターンが手に表れたのが、手相です。

見た感じで手がきれいと思えるかどうか。

「あの人の手はきれい、触れてみたい」と思えるような手かどうかが重要です。

手が荒れないようにハンドクリームを使ったり、洗いすぎないように気をつけたり、洗剤を手に優しいものに変えたりして、気を配りましょう。

食生活も大事です。

カルシウムなどが足りず、爪が薄くなって割れるような食生活をしていると金運が落ちてしまいます。

ふわふわのものやすべすべのものなど、手触りのいいものをさわって、手にいい刺激を与えるのもいいと思います。

もうひとつ、指輪をはめて指と指の間のすきまを埋めると、お金が逃げていくのを防げます。

小指のつけ根にある縦線は財産線。この線がたくさんあると散財しやすいので注意しましょう。中指の下は土星丘（どせいきゅう）といい、我慢と忍耐の場所です。

この部分の肉付きがよかったり、きれいだと、節約がしっかりできます。

人差し指の下は木星丘（もくせいきゅう）といって、ここにスターやシャープのマークがある人は強運です。お金に愛されたり、目標やゴールに向かっていることからいいお金がめぐってきたり、幸運に恵まれてうまくいきます。

手相で判断！

小指の付け根にある「財産線」を見てみよう

パッと手を組んで親指が上になるほうが「現在・未来」、
親指が下になるほうが「潜在的な能力」です。ここでは、左手で解説していきます。

財産線が月丘(げっきゅう)へ伸びている

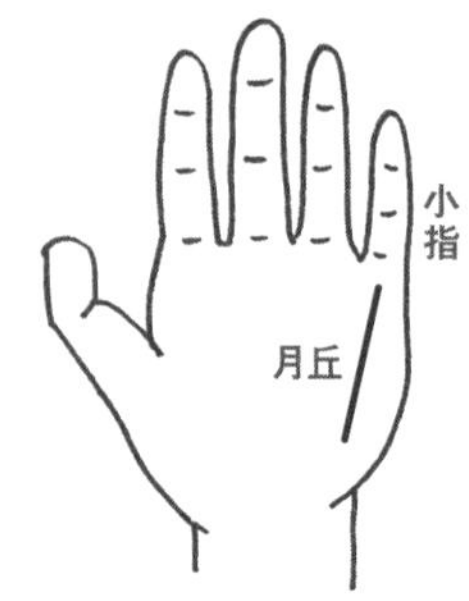

チャンスをくれる人が現れ、その人のおかげでお金を稼げる、人気商売の相。

一本の強い縦線

今の生活を維持する力があり、お金がなくなりかけても、随時入ってきます。

財産線が金星丘(きんせいきゅう)へ

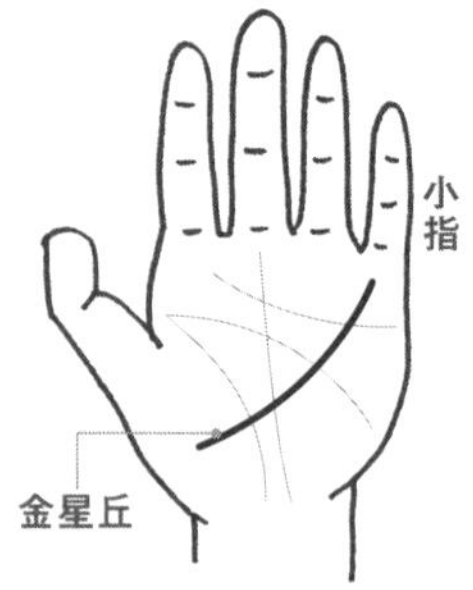

遺産をもらえたり、引き継いだりします。家族に助けられる意味もあります。

複数の線がある

交際費がかさむかも。無駄遣いしないよう、寄り道は禁物。

三寄紋（さんきもん）

億万長者の相で大富豪になれます。将来に期待大。

財産線が小指と薬指の間から出ている

投資で成功したり、一攫千金がつかめるギャンブル運最強の相。

財産線がない

お金のことを考えなくてもうまくいっている証拠。「お金を稼がなきゃ」という気持ちが、財産線に表れます。

太陽線と財産線がある

財産を蓄え、幸せな人生になるでしょう。

出費が多いときはマスクで鼻を隠す

鼻は金運をつかさどる場所。そこをマスクで隠すのは、本来あまりいいことではありません。お金の心配が生まれる可能性があります。

ただ、出費が多いときはマスクが歯止めになってくれます。

口は恋愛運と関係が深く、性器を表す場所なので、マスクをすると恋愛運と金運にフタをすることになります。

でも恋愛の場合は、「隠されているからそそられる」という要素もあるので、一概にマスクがダメとはいえません。

マスクで魅力が割増しになっている人もいますよね。

マスクをしなくていい時代がまた訪れても、「最近出費が多くてイヤだなあ」と思ったときは、わざとマスクをして出かけましょう。

でも、マスクを外したときに鼻やその周辺がカサカサしていたり、かぶれていると金運がダメージを受けてしまうので、お肌はケアしてくださいね。

84 東に立って西を向いて発声練習をする

上司や同僚との雑談が仕事に発展したり、取引先との商談から新しいアイデアが生まれたり。社会においてトーク力は重要なポイントです。

考えていることや感じていることが伝わりにくいと、あなたの才能や個性も見えにくくなり、まわりからの評価やお金の面でも損をしてしまうかも。

会話に苦手意識があって「トーク力を磨きたい」と思っている人は、部屋の東側に立って、西を向いて発声練習や本の音読をしてみましょう。

東は若さ、元気、伝達、会話などの意味を持つ方位で、西は笑ったり楽しんだりすることを表す方位。

この組み合わせがあなたの中に眠っているトーク力を引き出してくれます。練習していくうちに自信がついて、話すことがラクになり、運気アップにつながっていくでしょう。

定期健診のつもりで家計簿をつける

お金との会話になるので、家計簿はぜひつけてください。

お金の出入りを記録するのは、体重や身長を毎月測定しているのと同じです。

健康を維持できる人は、身体のコンディションを把握していて、必要があれば、ちゃんとお医者さんにも行っていますよね。

家計簿をつけて、家計がひっ迫していないか、お金の動きが健全かどうかチェックすることは、お金の定期健診と同じ。

数字になって並んだお金とじっくり向き合いながら、「そもそも、この予算の取り方はこれでいいのかな？」とか、「毎月の貯金、頑張ってあと少し増やしてみようか？」とか、心の中で会話してみましょう。

こういう問いかけをすることで意識が高まり、判断力もついてきます。

お金との交信ツールにもなる家計簿を大事にしてくださいね。

日常を豊かにするものは現金で買う

現金は肉体、電子マネーは精神と対応します。

現金は、より現実的なものに使うのに向いています。

日常の食材やスイーツ、服やアクセサリー、できれば車なども。目に見えてさわれるもの、日常を豊かにするものは現金で買うとお金が喜びます。

現金は形があるので使った感覚がわかりやすく、散財したときのショックも大きいですよね。使うことがダイレクトに肉体に返ってくるし、財布の中を見れば残金もわかります。その分、自分が使っているお金の把握はしやすいです。

基本的に、現金は身体のコンディションを見るのと同じように、ダメージを受けないように、いたわって使うように心がけましょう。

電子マネーの場合は目に見えないので、より流通しやすい性質があります。素早く出ていってしまうので、より丁寧に対話して使っていきましょう。

近場でいいから山登りをする

開運したい人は、ぜひ山登りをしてください。

73ページでも申し上げましたが、**高いところへ登る行為が、高みに昇っていくための努力や、お金を稼ぐために努力する気持ちにつながります。**

また、登って下りる、上がって下がる効果が、ギャンブルや駆け引きをするときのリズムや、自分の感情のバイオリズムにつながったりもします。

楽しかった時間が終わり、下山するときの寂しい気持ちは、稼いだお金をみんな使ってしまったときのショックとリンクして、「また頑張ろう」と、お金を稼ぐ意識を高める作用もあるでしょう。

山の上は空気がいいし、景色も美しいので、清々しい気持ちになったり、いい気を吸える効果があります。また、山頂に到達した達成感は、仕事でいい結果を出してお金を稼いだ達成感に通じるものもあるでしょう。

山は人が集まる場所なので、人をひきつける魅力も吸収できます。

山が好きになると、「また登りたい」とワクワクしてアドレナリンが出ます。それが脳をいい感じで刺激して、稼ぐ意欲も高めてくれます。

普段の生活から切り離されて自然を感じることで、リフレッシュできて、再び社会で戦えるエネルギーが出るという面もあるでしょう。

下半身は大地に接する部分なので、山登りで下半身が鍛えられていると、現実を表す大地をしっかり踏みしめられるので、金運がよくなります。

今、仕事が絶好調のある俳優さんも、家族で山登りしているそうです。

行き先は、登りやすい山で十分。そもそも、そういうところでレジャーを楽しめるのは、登山グッズなどを買う余裕のある、金運のある人です。

ハイキングやトレッキングでもいいですし、自然にふれるという意味では緑豊かな公園で森林浴でもいいのです。

でも、山登りの素晴らしい点は、一歩一歩試練を乗り越えるエネルギーが培われて、頂上に登った達成感も、お金を稼ぐ喜びと似ているという点です。

「こうすると稼げる」「こうすると努力が実る」という疑似体験になるのです。

神様とのつながりを感じながら暮らす

神社や神様とは、意識を向けることでつながることができます。「明日神社に行こう」と思ったとき、エネルギーはもう来ています。「明日行こう」と言って行かないのはよくないので、決めたらきちんと行きましょう。

私の場合は、神社に行った瞬間に、よくうれしい電話があったりしますが、ご利益の表れ方は神社によっても違います。「神社に行ったあとにお腹が痛くなった。何か悪いことが起きるのでは？」と心配する人もいますが、それは逆に運が高まるサインだと思います。あとは、デトックスできたということです。

今の家で風水をやっても何をしても金運が高まらないときは、お札やお守りなど、いい気のものをいただいてきて家に置くようにしてみてください。

お札は厳密に「1年に1回お焚き上げ」としなくてもいいですが、ある程度期間が経つと神社の気がなくなるので、運が落ちてきたなら取り替えましょう。

89 雨の日に神社に行く

神社には、雨の降っているときに行くのがおすすめです。雨は天からの恵みです。運は天から落ちてくるものです。なので、雨が降っている日に行くのは幸運です。ただ、台風や豪雨など命の危険を脅かされるときは別です。

また、そういう日は人が少なくて、神様と向き合えるチャンス。そのほうが運気も上がります。みんなが取っていない行動を取るのがいいのです。

私が神社に行くときは雨が降ってばかりで、だいたいいつも空いています。狙っていないのにそうなるのです。

あなたも雨の日を狙って行ってみるといいですよ。

それから、私は俗にいう金運に効く神社にはほとんど行きません。できるだけ苦労して行くと運が上がる気がして、山の上とか秘境の神社ばかり行っています。

そして、お賽銭はいつも多めに入れることを心がけています。

そこの土地で運気をいただくからにはお金を落とさないといけないと思い、境内に祀られたほかの神様の摂末社（せつまっしゃ）たちにも、それぞれ百円以上は絶対入れています。総額数千円になることもあります。

なんの努力もしないで漠然と「宝くじを当てたい」などと思ってお金を入れても効果はありませんが、勝負がかかっているときや、絶対成功したいときには自分で努力もするし、お賽銭も奮発します。

前にも書きましたが、財布の中にある小銭を全部入れたりも。願いを叶えたいならそれなりにリスクは必要なので、少し苦しい金額を入れるべきです。

でも、お札は音がしないのでおすすめできません。硬貨をチャリンと入れて、大地への感謝を音で知らせることが開運に効くのです。

もしお賽銭を入れなかったとしても、お守りをたくさん買って帰るとか、そこの自販機の飲み物を買って飲むとかして、体内に土地の気を取り入れます。

もしくは近くで食事して帰ります。

おみくじで大吉を引いて小さなハッピーをもらうより、そこでたくさんお金を使って違うところでいいことを受け取るほうがいいというのが私の考えです。

一粒万倍日にこだわらない

物事をはじめたり、お金を増やすのに縁起のいい日として一粒万倍日がもてはやされていますが、私は否定派です。

誰にでもわかるような、占い師でなくても導き出せるような開運日は、当たりません。

「一粒万倍日だから宝くじを買いましょう」とか「一粒万倍日だから新しい財布を使いはじめましょう」とか「一粒万倍日に神社ツアーをやります」とか、商売をする側にとってビジネスモデルになりやすい日なのです。

そんなところに金運はありません。

財布も、新月や満月の3日前くらいの「今から使いたい」という感覚になった日に使いはじめるほうがいいです。

当日だと、宇宙から地上に下りてくる運はもう通りすぎています。それより少し前に運をいただかないといけないのです。

大安にこだわるのも意味がありません。

大安の日の中にも仏滅の時間があって、その時間に結婚式を挙げると離婚してしまう可能性もあります。

芸能人も大安の日に結婚する人が多いですが、離婚するカップルも多いですよね。

確かにゲンかつぎも大事ですが、それよりも自分の第六感、自然な直観、自分の感覚を重視しましょう。

「最近、いいことが続いているな」とか、「イヤなことが何もない」と感じるときは、間違いなく運気が上がっています。

また、「なんだかうまく進まないな」と感じているとき、無理に何かを実行すると、運がないときなのでうまくいきません。

話がスムーズに進んでいるときは、バンバンそれに乗っていくとうまくいきます。

元日に初詣をしない

元日に初詣に出かけて、混雑の中で何時間も並んでお参りして、お守りやお札を買って、クタクタになって帰ってきた。

そんな経験のある人はいませんか？

神社仏閣といえども、いつもいい気で満たされているわけではありません。人でごった返しているときは場所の気が荒れています。

大自然が切り開かれて、コンクリートのビルが建っているような状態です。

西洋占星術では、木星が次の星座に移った日から、東洋の暦では立春（毎年2月4日前後）から運勢が切り替わります。

運命学で1年のはじまりにあたるそれらの日のほうが、運気を上げるには大切なのです。でもその当日に行っても、もう新しい年がはじまってしまっているので、年末（1月後半）にお参りに行くのがベストです。

お正月はお祭り的な意味もあるので、私も人から誘われれば初詣に行くこと

があります。でも自分からは行きません。

みんなが行くときに行っても運はもらえないからです。

本当に効果的な参拝は、前にも書きましたが、雨でほぼ誰もいないとき。

また、行ったら急に雨が降ったときは、より運が強いかもしれません。

神社の持っている運気は、テレビの取材が入ったりすると、オンエアされたときがマックスです。そこから先は落ちています。

「開運できる神社」と大々的に取り上げられる前こそが盛り上がっているのです。もし、自分が行ったあとでその神社が取材されたら、運がもらえていたということ。

自分に合う神社は、有名どころより、自分が行って気持ちよかった神社です。

住んでいる土地の神様のところに行くのは、心の安定にもなるので、それはそれでいいでしょう。

でも、運を上げるにはもっと離れたところにも行って、違う土地の空気を持って帰ってくることです。運は距離と時間に引っ張られて反応するので、できれば大きく移動するのが望ましいと思います。

街中のパワースポットを見つける

いい気をもらえる場所は、神社仏閣や自然の中だけではありません。都会にもいい気がもらえる場所があります。

東京なら、たとえば帝国ホテルのロビーはいつもにぎわっているし、お金持ちが集まっているので、金運アップのエネルギーがもらえます。

にぎやかでお金持ちの集まる場所は、ほかにもいろいろあるので、機会があればそういう場所で過ごして、豊かな雰囲気を味わってください。

ただ、パワースポットの効果を持続させるためには、自分の部屋の風水もよくしておかないといけません。

せっかくいい気を吸収しても、帰ってきたときに部屋の風水が悪いと、帰った瞬間に運気が落ちてしまうからです。

本書の「お部屋編」を参考に、室内を開運モードに整えてくださいね。

「絆」がテーマの歌を聴く

仕事は人とのつながりでできています。

信用を勝ち取ったら成功です。

みんなが外見に気を配ったり、裕福そうな雰囲気を出したりするのは、信頼されたいから。

会話の中で誠実さをかもしだすとか、学歴とか職業とか、アピールポイントは人によってさまざまですが、突き詰めると「この人とつながっていたい」と思われること、それに尽きるでしょう。

だから、絆を歌う歌はお金を呼びます。

絆とかみんなのために頑張る内容の歌詞の歌を聴けば、お金を稼ぐ意欲が高まります。

もちろん自分自身を成長させるためには、心の葛藤を歌った曲や、ラブソングを聴く必要もありますが、金運を高めるために、ときには「人との関係を大

切にしている」というテーマの歌を聴いてください。

自分と社会の接点でもがいているような曲や、不景気を連想させるような曲を聴くときは、そこから立ち上がってお金を稼ぐ気持ちを高めていきましょう。

ただ曲を流すだけではなく、聴きながら「人と人のつながりのメカニズム」を考えることも大切です。

間違ったつながりだと間違ったお金の稼ぎ方になります。

純粋なつながりがあること、それに加えて、その人が困ったときに自分が助けてあげられれば、いつか自分も助けられるでしょう。

知識と技術だけで稼げる人もいますが、それはあくまで少数派。

自分のことだけ考えるよりも、人と協力していこうとする姿勢がお金を呼ぶのです。

「人と人」を意識してスポーツ観戦する

スポーツ観戦するときのスタンスによっても、金運は変わります。Jリーグなどを観戦するとき、チームメンバーの絆を意識しながら見てみましょう。

ピッチ上の声も時々聞こえますが、「怒ってるんじゃなく、チームのためのアドバイスなんだな」とか、「自分なら、あの選手にこんな声をかけるかも」などと考えながら見てみてください。

ボクシングなどでも、選手とセコンドとの信頼関係に思いを馳せたり、負けそうなときは「どんなアドバイスがいいかなあ」と考えたりすると、お金を呼ぶエネルギーが高まります。

結局、お金は人と人との間で循環しているものだからです。

野球を見ていて、ヤジを飛ばしたりするのはＮＧです。金運が下がります。罵倒するのもダメ。

負けそうなときでも逆転を願って応援してください。

運気が上がったらスケジュールを詰め込む

「自分の運勢、乗ってるな」と感じるときは、運のいいときです。

仕事も自然と忙しくなってきますが、それを感じたら、すかさず予定を詰め込みましょう。新しい仕事は、忙しいときに限ってどんどん入ってきます。

だから仕事運を上げて金運を高めたいときは、予定を詰め込むべき。

そして忙しい中、「それをやりたい！」というすごくうれしいオファーが来たら、気の進まない用事や仕事を「いけにえ」にします。

つまり、後者を断るのです。そうやっていい仕事をゲットしていく。

運を呼ぶために、自分を忙しくして「この人、忙しそうだし、今、乗っているから幸せそうだな、行ってみたいな」と、〝運〟のほうから来てくれるように、運を誘い込まないといけないのです。

何もないときは運がないので、ジタバタしないこと。「それはそれでいい」と、体力づくりや趣味などに時間を使ってエネルギーを蓄えるべきです。

月の満ち欠けを意識する

私たちのバイオリズムは月の影響を受けています。それは、日々の暮らし方、お金の使い方にも表れます。満月の3日前くらいからテンションが上がり、気が大きくなってお金を使ってしまう可能性があります。

新月の3日前くらいからは、孤独を癒すためにお金を使う可能性があるので注意。上弦の月の3日前くらいからはトラブルも出やすく、情熱やチャレンジ精神からお金を使ってしまうかもしれません。下弦の月の3日前くらいからは自分を変えるためにお金を使いたくなります。

それぞれにお金が出ていく可能性があるので、自分に問いかけてみましょう。本当に必要な出費ならそれでいいし、たとえば寂しさで使ってしまいそうなら、別のものでそれを埋めてお金を残すという選択もあります。

満月が近い時期に飲みに行って、1品よけいに頼みたくなったら、「月の影響かもしれない」と思って、ちょっと立ち止まってみてはどうでしょうか。

早寝早起きより、ぐっすり眠ること

早寝早起きと金運は、関係がありません。

質のいい睡眠で、6～8時間眠ればいいのです。

人には才能を発揮する時間帯というものがあります。午前中は原稿が1行も書けなくて、夜になるとバリバリ仕事ができるという人もいます。

そんなことよりも、しっかり寝るということが大事です。

どんなことをしてもいいから、8時間1度も目を覚まさずに寝る。無理なら6時間。それが脳の疲れを取ってクリアにしてくれるので、その分、仕事のことや、お金に関することも考えやすくなります。

お金持ちに早寝早起きが多いという話もありますが、早寝早起きしないとお金持ちになれないわけではありません。

ステレオタイプに考えずに、睡眠時間と質を優先させることです。

自分に一番向いている、才能を発揮できる時間を大切にしましょう。

もし、よく眠れなくて困っているなら、寝室の状態をチェックしましょう。寝室はそもそも「陰」を表す部屋。あまり明るいトーンのインテリアにすると、睡眠を邪魔してしまいます。照明もやわらかいものにして、落ち着いた空間をつくると睡眠の質が上がります。

また、ベッドの頭の位置も重要なポイントです。**頭の位置が窓の方向にあるのは風水的にNGなので、位置を変えましょう。部屋の入口に向けていると頭痛のもとになったりするので、それもNGです。入り口とずらして、なるべく遠くに置くのがベスト。**

寝室の鏡も、寝姿が映るとエネルギーを吸われてしまうので、映らない位置に変えましょう。

パジャマの色は、安定を表す紺色か黄色か茶色がおすすめ。アイマスクや抱き枕があったほうが熟睡できるという人は、そのようなグッズも活用しましょう。

できることからやってみて、ぐっすり安眠できる毎日を手に入れましょう。

お金を呼ぶスキンケア＆メイク

土行が財運を表し、お金で土から金が生まれますが、金は肺や呼吸器や肌を表します。

自分は貧乏だと感じていたり、心にストレスを感じていると肌が荒れます。

残高をチェックしてニヤニヤするなど、お金をためる喜びを感じてください。

「お金がある」と思えるとストレスがなくなるので、お肌の状態もよくなります。

金額の多い少ないではなく、自分の中での満足度の問題です。

いくらお金があっても、「もっとないと不安」という気持ちがあると肌が荒れます。

でも、肌がきれいになれば自動的に金運がよくなるわけではないので、そこは間違えないように。

金運アップのためにと、スキンケアグッズにお金をかけたりするのは本末転倒です。

肌のケアで「それでお金を使ったんだから、ためる努力をしなきゃ」と、ベクトルをそちらに向けられるなら正解です。

メイクで金運を上げるには、眉や目尻を下げて描くという方法があります。困り顔になるので、まわりがサポートしてくれて、トクするでしょう。

でもその反面、おせっかいをやかれて葛藤があったり、性格が天然だといじられキャラになりすぎて苦しいかもしれません。でもうまく利用できればプラスになるので、意識してたれ眉、たれ目メイクをするのもいいでしょう。

ノーズシャドウやハイライトで鼻を高く見せると、プライドが高くなります。自分が注目を浴びて稼げる人はそれでOK。逆に鼻を低く見せると、まわりとうまくやる気持ちが高まるので人に愛されます。人とかかわって周りをうまく使ってお金を稼ぐ人は鼻を低く見せるメイクをしたほうがいいでしょう。

あとは、食べ物をよく噛むことです。しっかりしたあごは安定を表します。

あごがとがっていると環境が変化しやすく、仕事を選ぶ人になります。経済的に安定したいなら、奥歯を使ってよく噛むようにすると金運が高まります。

99 思考のせいにして表情を明るくする

お金があると、人は自然と豊かな顔になれます。

ポイントとなるのは、金額よりも本人の満足度。

豊かな顔は、表情でつくられます。にこにこした笑顔がベストです。

お金がないと寂しい顔になりますが、逆に、無理やり笑顔にすると運を下げるので、落ち込んでいるときは素直に落ち込みましょう。

どん底まで落ちたら、あとは運を上げるしかありません。

もし今お金がなくて、つらくて、「ひどい顔」と思っても、ねたみ、恨み、嫉妬を語らないようにしましょう。

そういう言葉を口にすると表情が悪くなり、どんどん貧相になって金運が悪くなります。

「今月も苦しい。出ていくばっかりでイヤになっちゃう」とか、お金がないことに対して文句を言うのもダメです。

自分よりも苦しい人を思い浮かべて安心する人もいますが、それは貧乏に強く関心を向けているので、豊かにはなれません。

自分に金運がないと感じるときは、「思考がよくないからお金が来ないんだ」と思うべきなのです。

前向きな言葉や癒してくれる言葉を聴いたりして、心の安定のためのエネルギーを使っていくと表情がよくなってきます。

寂しそうな顔になっていても、助けてくれる人が現れて金運が高まるでしょう。

元気になる言葉がたくさん出てくる漫画、動画、本などを見て、表情を明るくさせるように努めてください。

余談ですが、鼻が赤くなっているときはお金が出ていくサインです。用心しましょう。

鏡を見るとき、自分の表情はもちろんですが、顔に表れた小さな変化に目を向けてみるのも、お金に対する意識を高めるのに役立ちます。

最低最悪なことも「厄落とし」と受け止める

日常の中で、自分を元気にさせる言葉に触れることは、金運を高めます。

少年漫画では「限界を超えろ」とか「心を燃やせ」とか、いい言葉がたくさんありますよね。

自分で可能性を抑えている人たちは、魂、情熱、生きるエネルギー、そして心を燃やさないとお金が来ません。

それにプラスして、感謝の気持ちが大切です。

「ありがとう」をマメに言わないと金運が下がります。

「どうせ私なんて」という言葉も金運が下がります。

親のせいとか、人のせいにもしないこと。

「もともと貧乏だからダメなんだ」とかではなく、「貧乏だからこそ這い上がるんだ」と考えて、前向きな言葉を使いましょう。

あとは、「マジ!?」と思うようなアクシデントが起きたとき、へこまないで

「面白い」と思えたら金運が上がります。

酔って財布を置き忘れたとか、そういうときは「最悪……」なんて言わないで、「厄落としができた」と言いましょう。

クレジットカードの不正使用をされてしまっても、ショックかもしれませんが、落ち込む必要はありません。**「財は養命の源」といわれているので、他人にお金を使われたことによって、健康を勝ち得たことになります。**

もちろん、「カード会社に返金してもらわなくてもいい」という意味ではないので、お間違いのないように。

必要な手続きはちゃんとしてください。

また、自分ができる範囲で予防策も取ってください。

でも、予想外の何かでお金を失ったことを、まったくアンラッキーな出来事と思わないメンタルになれれば、必ず金運はよくなります。

「これで健康運、爆上げ！」とか「倍返しでもっと大きなお金がやってくる」とか、即座に自分に都合のいいように考えられる人が、最強です。

101 目標を書いた紙を壁に貼る

キャリアアップを望む人は、目標を書いた紙を壁に貼りましょう。

そして、繰り返しそれを見ながら「目標を達成した自分」「成功した自分」をイメージしましょう。

目標が目に入ることで、それが意識の中に染み込んで、運気が変わっていきます。

もちろん努力しないと現実を変えることはできませんが、その努力を続けるコツは、「大きな究極の目標」だけでなく「身近で小さな目標」もいくつか書き出して、クリアするごとに次の目標を設定していくことです。

満足してしまうとそこで成長が止まるので、限界を超える気持ちをつねに持ちましょう。

ダラダラ生きてしまうのを防ぐためにも、向上心を持って乗り越えるべき壁をつくっていくことが大事です。

COLUMN3

Loveちゃんのおかげで、
金運アップしました！ ③

～ある有名芸能人の場合～

浮き沈みのある仕事には北東の玄関！

鬼門と呼ばれる北東に玄関のある物件は、風水ではよくないといわれています。いろいろな物件を風水鑑定してきたのですが、やはり北東の玄関の家は、自分自身に問題が起きたり、住人のトラブルがよくあります。

でも、芸能人のように浮き沈みがある職業の人は別。

あえて北東玄関の部屋を選ぶことで、開運につなげることができます。

また、北東には「変化」という意味があり、今までとは違った行動を取ったり、自分自身を大きく変えると、より運気が高まります。

何度となく相談を受けた、ある有名芸能人の方にも、次のことをアドバイス。

●引っ越すなら北東玄関の部屋
●髪を金髪にすること
●バラエティ番組や取材では、ぶっちゃけ話をする

変化や衝撃を与えたり、戦ったりすることで運が開けるので、思い切ってやってみるようにすすめたのです。

効果のほどは、今の彼女の活躍が証明しました。

結果、大成功を収めたと思います。

浮き沈みのある人気商売の人は、一般には避けられている鬼門を利用することで、運にゆさぶりをかけ、自分を奮い立たせることができるのです。

彼女からは、結婚をする時期、結婚相手の相談も乗っていました。

彼女の結婚相手の方からも引っ越しの相談を受けていて、「その方位ならいいですよ」とアドバイスもしていました。

彼女たちの活躍を見ると幸せな結婚生活を送っているように思えます。

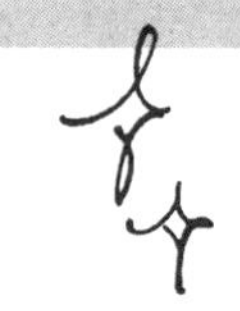

Message 2

from Love Me Do

金運を高めるには、
お金を不安にさせてはいけません。

お金はとても心配性です。

お金の声を聴くようにしましょう。

「私を大事に使ってくれる？」

「居心地のいいお財布かな？」

「この預金口座、急に友達がいなくなったりしない？」

など、お金は警戒しています。

自分自身のお金の使い方、
お金のおうち（財布）などの環境を確認してみてください。

「できたら友達と一緒に遊びに行きたいんだけど……」とお金にお願いされるようになったら、金運が高まります。

あなた自身が、
お金のためのパワースポットになりましょう。

第4章

スマホ編

――たちまちお金に愛される「体質」になる

スマホの画面は4回拭く

現代は、スマホがないと生きていけない時代になっていますよね。

なので、スマホの使い方が我々の運気にとても強く影響を与えています。

その中でスマホの画面やカバーに気を配ることも金運アップに大切。

私は毎日、ウエットティッシュを4枚使ってスマホを拭いています。

ひとつはリセットの意味で。もうひとつ、私の場合は背面だけのカバーで、画面がむきだしなので、自分の魂や心を外に出しているという意味で。

だから、魂を磨くつもりでいつもきれいにしています。


数字の4は「安定、安心、安全」を表すので、安心して生活するため、金運をよくするための力になってくれます。


イヤなことがあったり、金運が下がったら、ウエットティッシュで4回拭いてみてください。

悪い流れをリセットでき、運気が高まります。

こんなスマホカバーが運を高める

使っているスマホカバーに性格が出るのを知っていますか？

カバーをしない人は、チャレンジ精神のあるアクティブなタイプ。人から見て何か気になる、魅力を感じさせる人が多いのです。

後ろにつけるカバーをする人は、安全志向で、警戒心が強い。

フタのあるもの（ブックタイプ）を使っている人は、なかなか自分の本心を見せたがらない、キャラをつくれるタイプです。

ネコ耳がついていたり、ちょっと変わったスマホカバーを使っている人は、遊びたい気持ちが強く、運も強い人が多いようです。

その反面、心の悩みは多くて不安定な部分もいっぱいあるのですが、なんとなく運を呼び込んで乗り切っている、人に愛されやすい人が多い。

アニマル柄とか、ちょっと独特の柄を使っている人は、個性がうまくはたらけば人生がうまくいくけれど、自分を表現する場に恵まれていない可能性があり、それでスマホカバーに自己表現の場を求めているところがあります。

運を上げるための注意点としては、カバーなしのむきだしの人は、魅力的でまわりが支えてあげたくなりますが、無防備すぎるので失敗も多かったり、心が傷ついていたり、トラブルにも巻き込まれやすい傾向があります。

変わった形のケースを使う人は、人に頼りっぱなしになりやすいのが問題。もっと現実的な、自分の力でなんとかするエネルギーを育てましょう。

個性的な柄の人は、かかわる人間を間違えないように気をつけましょう。

無地・シンプル志向の人は安定志向なので、チャレンジする意欲を持つ必要があります。熱い気持ちを大切にしないといけません。

フタつきのカバーの人は、本性がバレないように、相手を手のひらで転がすようにしてください。また、こういう人は広く浅い知人がたくさんいるか、心の安らぐ存在が少しいれば平気。反対に、フタなしの人にはそういう人がたくさん必要です。

この中で自分はどのポジションにいるかを自覚して、その中でお金の循環を考えていくと、金運を上げることができます。

104 ほしい運に合わせて待ち受けの色をチェンジ

待ち受け画面も上手に使って金運アップしましょう。

まず簡単なのは、色のパワーを借りること。

青や緑系は、人間関係をうまく運んだり、駆け引きをしながら金運を高めていくときに役立ちます。

赤は、何か自己表現をして金運アップしたい人。「自分はこれができます」というものがある人はこれでしょう。

動画の編集ができるとか、プレゼンがうまいとか、ものまねができるとか、見た目が美しいのも表現のうちです。

茶色や黄色は人気者になって金運アップしたい人。

白は、自分の力で道を切り開いてお金をつくりたい人。

黒は知性や自分の考え、アイデアをお金にしたい人。

今、自分に必要なのはどれかを考えて、それにふさわしい色を選びましょう。

夢をかなえる待ち受けの条件

スマホの待ち受け画面の画像は、基本的に縁起のいいものを選びましょう。

北欧神話では、リンゴは神様の食べ物といわれ、意志の源、不老不死の象徴などともいわれています。

私も、オフィシャルブログに黄金のリンゴの画像を使っています。

なぜ黄金のリンゴなのか……？

ほしいものをほとんど手に入れてしまったお金持ちが、最後に求めるものはなんだと思いますか？　答えは不老不死、永遠の命です。

だから、不老不死の象徴であるリンゴを使うということは、「自分の望みを高く持つ」ということになります。ハードルは高いほうがいいのです。

スポーツをやっている人も、「プロになりたい」くらいだと、そこまで辿り着けなかったりします。世界一のプレーヤーを目指すという心意気を持っているとプロになれるでしょう。

だから、「お金を手に入れよう」よりも、不老不死を目指すくらいがちょうどいいのです。

将来のことを考えて金運を呼ぶ場合、たとえば出世してお金持ちになりたいなら鳥系がいいでしょう。フクロウや鳳凰は先を見通す力を持っています。

人を招いて、良縁を呼んで金運を高めるには、招き猫です。

運気を上昇させてお金を稼ぎたいなら、龍や空を表すもの。

仕事運を高めて金運を高めたいなら、神社仏閣。

貯金やギャンブルなど、まとまったお金に関することや、臨時収入を期待するなら、富士山などの山がいいでしょう。

毎日の生活を豊かにしたい人は、草原、ふくよかな大地、菜の花畑やひまわり畑、ラベンダー畑など。

あとは巨石や岩、どっしりと地に足をつけた象も金運を高めます。

滝や川の流れ、湖、海は、習得したものや特技を生かして金運を上げたい人。

夕日が沈む風景とかは、遊びに行きたい気持ちをおさえてくれるので、交際費やムダ遣いが減って金運がアップするでしょう。

待ち受けには賞味期限がある

「この待ち受けにしたら運がよくなった！」などと有名人が紹介している待ち受けは、やはり効果があります。

その中でも神社やお寺など、パワースポットの画像を入れるといいでしょう。あとは自然の風景も運気をアップさせます。

注意したいのは、「幸せが来る」と口コミでブームになったような待ち受けです。そういうものを取り入れても、必ず運の終わりが来ます。

流行が終わりそうになったら使うのをやめて、そのときどきの旬のものを使うといいです。また、見た感じが陰気なものや不幸を呼びそうなものはやめましょう。そういうものは、精神的なところに訴えかけて不運を呼ぶからです。

定期的に流行りがありますが、ひとしきりやって飽きたとき、「こっちのほうがいいかな」と感じたときが変えどきです。そのタイミングはひとりひとり違うので、あなたが運を上げたいと思ったときに変えてみるといいでしょう。

SNSでの演出はここに注意!

テレワークが本格的になってきたので、これからは多くの人が東京を離れて地方で仕事したり会議したり、アバターだけでやっていくとか、それこそブランディングで勝負して稼ぐ時代がやってくるかしれません。

何かしら情報発信している人は、ハンドルネーム、アイコンの写真、その他をブランディングしなおすことを考えましょう。

2週間から3カ月でイメージが変わり、金運を呼べるようになります。

マッチングアプリなども、きれいに撮れた写真(ちょっと加工が入ったもの)よりも、真正面の顔を全部見せないなど、少しひねってみるといいかもしれません。

モテる人を見ていると、自分のページに何も写真をつけていなかったり、写っていても横顔だったりする人が多いです。

自分が写っていない写真を使っている人もいます。

表に出る職業でなければ、そんな戦略を取ってみるのもアリです。

私自身は、まったくブランディングをやっていなかったのですが、最近は意識するようになってきました。

ＳＮＳは確かに自己主張の場なのですが、あまり自分を出しすぎるとフォロワーが増えていかなかったりします。

それよりも、人の役に立つこと、共感されること、みんなが面白いと思うことを表現していくことが大事です。

それが人気をつくったり、プライベートでも「あの人、面白いね」という評判につながって、うれしいオファーが来たりするのです。

数字的なことでいうと、自分のフォローしている人数よりフォロワーが倍以上いると、まわりにも一目置かれます。

それによって来る仕事の質も変わるし、入ってくるお金も変わるでしょう。

避けたいのは、アイコンやハンドルネームをコロコロ変えすぎてしまうこと。はたから見て不安定な人だと思われてしまいます。

108 スマホの充電場所で運気が変わる

充電している最中のスマホは、寝ている状態です。

私たちが寝ているときと同じように、気を吸収しているのです。

なので、どの方位で充電するかによって、スマホにチャージされるエネルギーが変わってきます。

具体的には、北側に置いて充電すると、知性を刺激されて勉強への意欲がわいてきたり、知的な仕事につくことになったりするでしょう。

恋愛運や交際運も上がります。

自分を売り込むなら、フットワークが軽くなる東がおすすめです。

大胆な行動力がついて、営業的な動きも上手になります。

出世したい人や、よくない縁を断ち切る決断力がほしい人は南がいいです。

西はズバリ金運の方位ですが、西には遊びや楽しい人付き合いの意味もあるので、誘いに乗って遊びすぎると出費も激しくなってしまうので、注意してください。

生活の安定を求めているなら南西。人気運も高まります。ファンがほしい人は、この方位で充電するといいでしょう。ただ母性愛も強まるので、ダメな人のお世話をしてしまう可能性も……。

北西は、父親との関係や仕事での人間関係をよくします。仕事、健康、勝負事など、幅広いジャンルの運気を上げてくれます。

北東は変化の方位なので、ギャンブル運に効くほか、人間関係を変えたいときにも助けになってくれます。

自分の道を追求したり、何かを極めるために一匹狼的にやっていきたい人にぴったりです。

今、自分にはどんな運が必要なのかを考えて、それに合った方位でチャージしてくださいね。

連絡用アプリは、お部屋の「玄関」

そもそも、スマホは人と連絡するためのツールですよね。

スマホを通じて人の出入りがあることで、エネルギーが生み出されています。

家で人が出入りするところといえば玄関。風水上、とても重要な場所です。

ではスマホの玄関はどこかというと、「あなたが一番よく使っている連絡用アプリ」のある場所です。

211ページを参考に、それがＬＩＮＥならＬＩＮＥアプリ、メールならメールアプリを、ホーム画面のどこに置くかで、あなたのスマホの玄関が決まります。

置くべき位置は、今のあなたがどんな形で金運を上げたいかによって変わってきます。現状をいい方向に変えたいなら、変化や変動を表す北東に。ポジティブな気持ちや元気がほしい人は東。出世したい人は南。努力を実らせたい人は南西。遊ぶためにお金を稼ぎたいなら西。責任ある仕事、大きな仕事に携わりたい人、家族の大黒柱になっている人などは、北西で運気が上がります。

アプリのホーム画面を方位で分ける

それぞれの方位が持つエネルギーの流れをコントロールすることで、運気を上げていくのが風水です。

家の中心から見た方位を東、西、南、北、北東、北西、南東、南西の8つに分け、これらのエネルギーに応じた対処をすることで、いい流れをつくっていきます。

実は、この考え方は、スマホそのものにも当てはめることができます。

左の図のようにスマホのホーム画面を八方位に分けると、画面に並んだアプリのアイコンの位置が、どの方位にあたるのかがわかります。

アプリの並び方や数が図とは少し違っている場合も、基本はほぼ同じ。

どんな内容や性格をもったアプリを、どんな意味や性格を持った方位に配置するかによって、運気が変わってきます。

もちろん金運を上げることもできます。

スマホで金運アップ!

ホーム画面の八方位

家の中でも方位で開運できるように、
スマホのホーム画面にあるアプリの位置で開運できちゃいます!

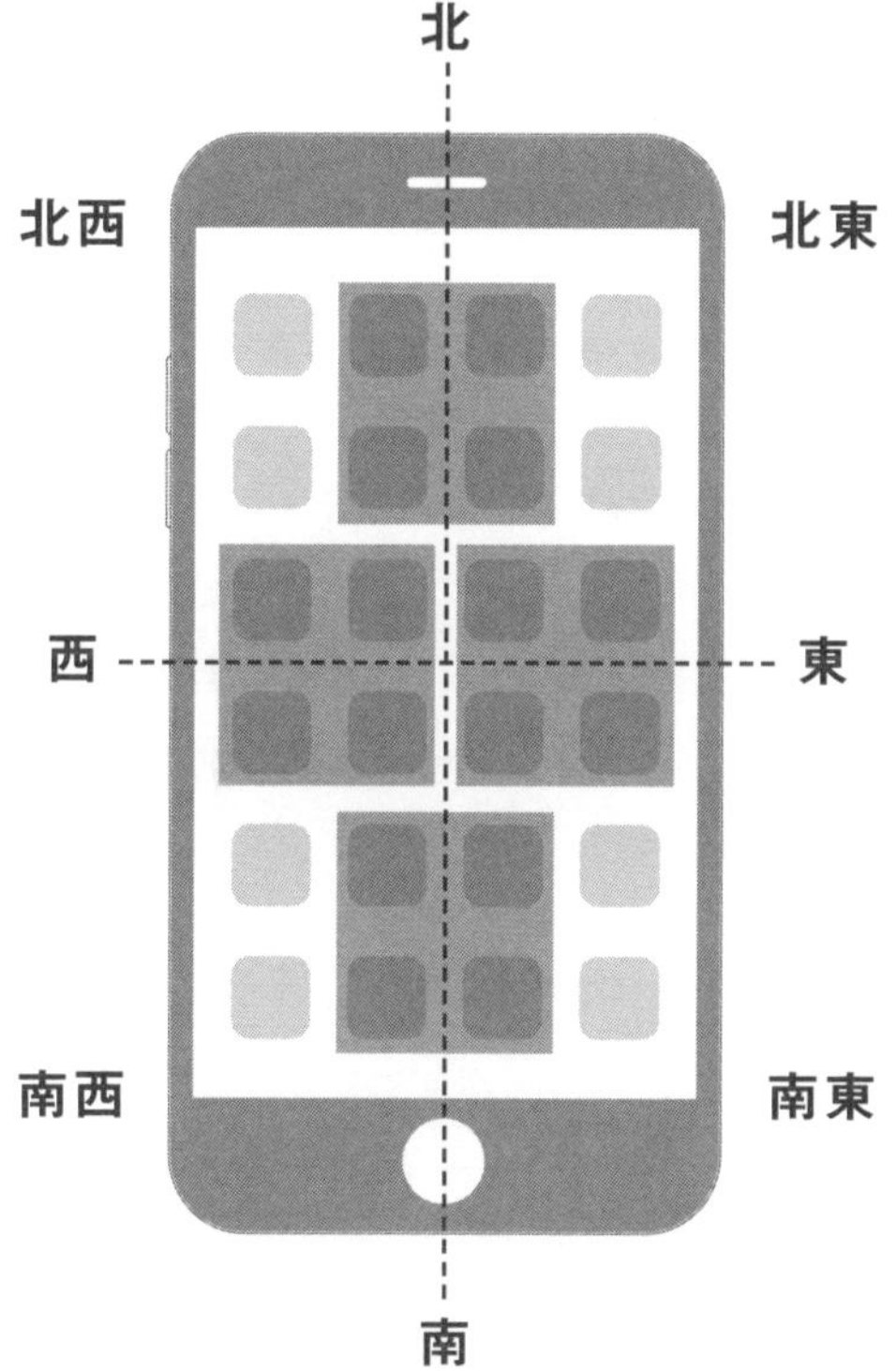

このなかで、金運を表す方角は西ですが、「仕事でお金を得るか」「買い物でお金を得るか」で、方角は変わっていきます。

仕事関係のアプリの置き場所

仕事運をよくして金運を上げたいときは、北西を使います。

仕事の依頼がたくさん来るようにしたいなら、仕事のやりとりに使っているメールやLINEのアプリを北西に置いてみてください。カレンダーなどのスケジュール管理アプリも北西に置くと、仕事の予定が次々と入るでしょう。

また、自分の好きなことを仕事に結びつけたい場合は、関連するジャンルのアプリを北西に置くと、チャンスが舞い込むかもしれません。

仕事運には、出世の意味がある南もOK。

オフィス系のアプリや仕事用のSNS（Facebookなど）のアプリを南に置くと、大きな成果を得られます。

バイト、就職、転職を希望している人は、求人情報アプリを西に置きましょう。楽しさのある仕事や好条件の仕事が見つかるはずです。

でも、それに伴うなんらかの出費もあるかもしれません。

お金関係のアプリの置き場所

金運と一番関係が深いのは西です。

電子マネーなどの決済系や家計簿のアプリを西に置くと、金運がよくなります。でも注意したいのは、西は遊びも意味するので、浪費のリスクもあること。

お金関係のアプリを西に置いていて、ちゃんとお金がたまっているなら金運にプラスに働いているということなので、そのまま置いてください。

でも、もしお金がたまらないなら、遊びの出費がかさんでいるはずなので、場所を変えましょう。

北西は仕事の方位なので、遊びモードから抜け出して出費をおさえるのにいいでしょう。あるいは、理性をはたらかせて必要なことに絞ってお金を使えるようになるには、南東が適しています。

また、地道さ、堅実さを特に大事にしたい人は、南西に置くのがいいでしょう。あまり意識しなくても、日常の中で確実にお金がたまっていくはずです。

買い物系アプリの置き場所

お買い物はスマホでオンラインショッピング。そんな人も多いのでは？　スマホの画面の買い物系アプリを置く位置は、今のあなたのお金の使い方をチェックしてから決めましょう。

楽しく買い物ができて満足しているなら、今のままで大丈夫。

もしちょっと使いすぎかなと思ったら、南東に置くと穏やかにバランスのいい使い方ができます。落ち着きをくれる北もいいでしょう。

必要なものだけを買っているなら、日常を表す南西に置いておきましょう。

東に置いた買い物アプリは要注意です。東は元気を表すと同時に電気のピリピリしたエネルギーも意味するので、転じてイライラやストレスを表すこともあります。ストレスが溜まってヤケ買い、爆買い！　とならないように。

もしそうしてしまったら「お別れの南」に置きましょう。タップして「買い物したい！」という熱が引いて、もういいかなという気持ちになれます。

114 アプリも断捨離する

あなたは、スマホにどのくらい、アプリを入れていますか？

仕事や生活に必要なアプリから、画像や動画系、音楽系、ゲームなどのお遊び系まで、「あったら便利かも」「面白いかも」と気軽にインストールして、スマホの画面が何ページにもなっている、という人もいるかもしれませんね。

さて、その中で、実際に使っているアプリはどれくらいありますか？

全部ちゃんと使っているならいいのですが、もしほとんど使っていないページがあるなら、そのページは運が弱くなっています。

家でいえば、ガラクタを詰め込んだ物置のようなもの。

部屋を汚くしていると全体的に運気が悪くなるのと同じく、スマホに使わないアプリをため込むのも運を下げる行為です。

本当に使うものだけを、メインの1ページ、2ページまでにおさめましょう。

頭がすっきりして判断力もつき、無駄をおさえることができます。

スマホで預金残高を確認してニヤニヤする

チャージタイプの電子マネーに多めにお金を入れると、気が大きくなって使いすぎてしまう人がいます。

「私もそう」という人は多いでしょう。

お金があると思うと気が緩んでしまう人は、お金持ちになれません。

「あると使ってしまう」から、「あっても使わない」に変わらないといけないのです。お金持ちはムダ遣いをしません。

預金残高を見て、うれしそうな顔や笑顔がつくれたら、このスイッチが入ります。夜な夜な残高を見てニヤニヤする時間をつくりましょう。

今はネットバンキングもあるので、毎日残高の画面を見て「今月のお給料をなるべく使わずに残すにはどうしたらいいかな？」と考えてみましょう。

「あるんだから使ってもいいでしょ」という考え方だと、お金は来ません。「たくさんあるけど使わないで取っておこう」と思う人がお金持ちになれます。

大事なのは気持ちの部分なので、電子マネーにチャージするときも、現金を引き出すときも、金額の大きさは本来あまり関係ありません。

でも、「自分は今、お金のトレーニング期間だな」と思ったら、どちらも「少しずつこまめに」がいいかもしれません。

お金を引き出したら、明細の用紙は捨てずに持って帰る。

家で「今日は○○円引き出した」とあらためて確認して、「そのお金、効果的に使えたかな？」と考えてください。

そして、想像の中でお金の妖精たちとお話をしましょう。

お金から「もっと優しく使ってよ。雑に使ってない？」という声が聞こえてこないでしょうか？

あなたが何かを感じたら、それが真実です。現実しか見ないというスタンスをやめて、非科学的なことも信じることが金運を高めます。

普段から貯蓄ができている人たちは、本能で金運を上げることができていま す。でも、そうでない人はこういう感覚を持つことで金運が上がるのです。

電子マネーってどんな性格？

現金と違って想像しにくいかもしれませんが、電子マネーにも命があり、それぞれが性格を持っています。

見えないからこそ、意識したほうがいいし、電子マネーのほうも私たちとコミュニケーションを取りたがっています。

電子マネーは目に見えないお金なので、寂しい思いが宿っています。たくさん友達を連れて旅立ちたいので、よけいに使いがちになるし、目に見えない、さわってもらえない、だから受け取る愛が足りなくて、寂しがりやなのです。

ポチッとするときは、電子マネーの性格を想像したほうがいいでしょう。

使おうとしたとき、愛が満たされていると「必要ないんじゃない？」と教えてくれるし、逆に電子マネーが寂しがっていると、チャージしすぎたり、買いすぎてしまいます。

見栄っぱりの電子マネーは、「今日はおごろうか」みたいな気分にさせます。

「これ、買ったほうがいいよね」とあなたの心を操る電子マネーもいて、心に隙があると操られやすくなります。「これもいいな、あれもいいな」と勢いで買ってしまうときは、好奇心旺盛な電子マネーなのです。

「人のために役立ちたい」という性格なのが、寄付やクラウドファンディングで使う電子マネー。これが一番情を持っているのですが、言うことを聞きすぎると貧乏になってしまいます。世の中にとってはいいことですが、中には詐欺っぽいものもあるので、情に流されすぎないこと。自分に酔っているとこれが出てきます。お金に接待されて酔わされているようなものです。

こんなふうに、電子マネーから話しかけています。土になった人間たちの意思が入っていて、それが伝わってくるのです。

まずは「そういうものがある」と認識して、電子マネーが「もっとチャージしてよ」と言ってくるのは寂しくさせているからだと考えて、「ちょっと待って、3000円でいいんじゃない？」などと交渉しましょう。

頭の中でも、ブツブツ口に出してもいいので、対話することが大事です。

たまったポイントはこまめに使う

アプリの中にたまっていくショッピング関係のポイントも、電子マネーと同じく見えない存在なので寂しがりやです。

昔のポイントは、紙のカードにスタンプやシールをためる形式で、リアルだったし、いつでも簡単に見ることができました。

今は、ＰＣやスマホの画面に数字で表示されるだけ。

しかも、うっかり使わないでいると失効して消えたりもするので、こまめに使って追い出したほうがいいです。**ため込むよりも使うことが大事なのです。**

そうでないと、現金や電子マネーがヤキモチを焼きます。

「ポイントばっかり大事にして……。どうせオレたちなんて。ポイントをためるために使ってるんでしょ？」とすねるようになって、お金たちに愛されなくなってしまいます。

ポイントとお金はライバル関係なのです。

これからは、現金も電子マネーもアバターだと思うこと。

アバターなのでかわいいものとして扱ってあげたほうがいいし、愛を与えてあげることが大事です。現金の場合は、お金の向きをそろえたり、アイロンでシワを伸ばしたりと愛情を分かりやすく示せます。

電子マネーとも、相手の顔を想像しながら会話しましょう。「君のこともちゃんと考えているよ。チャージしなくても、君にいくら残高があるかちゃんと知っているからね」とか。

電子マネーを恋人だと思えばいいのです。

恋人の誕生日を忘れてしまうと「私はその程度の存在?」と言われて関係が怪しくなるように、「あれ、いくら入ってたかなあ」と、電子マネーの残高を忘れてしまった時点で金運が下がってしまいます。

ちなみに、777とか、レシートできれいなゾロ目が表示されることがありますよね。それはお金からの「大事に使ってくれてありがとう。あなたのためになる使い方だよ」という愛のメッセージなので、喜んでくださいね。

電子マネーにも「ありがとう」を忘れない

ＪＣＢの実験によると、電子マネーを使うと現金よりも平均16秒早く決済ができ、かざすだけのＩＣカードなら平均20秒早いそうです。

「時は金なり」なので、もちろん支払いにかかる時間は短いほうがいいでしょう。でも、そこで重要なことを忘れていませんか？「ありがとう、また友だちを連れて帰ってきてね」という感謝の気持ちは伝えていますか？

何も考えないで無意識に支払っていると、電子マネーに「そんな簡単に捨てちゃうんだ。遊びだったんだ」と思われてしまいます。

決済がスピーディーになればなるほど、感謝することが大切。

使ったら終わりでなく、電子マネーとしっかり愛を育んでください。

お金を思いやり、お金の気持ちになる。

そういう心境でいると、お金が減りにくくなるでしょう。

なぜなら、そういう心境でいると、お金持ちのメンタルに近づくからです。

COLUMN4

Loveちゃんのおかげで、
金運アップしました！ ④

人の言葉も風水も、信じる心が運気を上げる？

～横澤夏子さんの場合～

私が以前出した本の帯に、「Ｌｏｖｅさんの言いなりになってる自分が怖いです！（笑）」というコメントを寄せてくれた横澤夏子さんに、以前、スワロフスキーのフクロウをプレゼントさせていただきました。

この本の本文にも書いたように、フクロウの置物は、仕事運、金運、健康運を上げてくれるラッキーグッズ。

ＵＨＢ北海道文化放送「みんテレ」に出演したときにコメントをくれて、「Ｌｏｖｅちゃんにいただいたフクロウのおかげで仕事運・金運もバッチリです」と言ってくださいました。

仕事で売れっ子になりながら、しっかり結婚相手を見つけ、赤ちゃんにも恵

COLUMN4

Loveちゃんのおかげで、金運アップしました！④

まれて絶好調の横澤さん。

出産後も相変わらずテレビで活躍していて、何よりだと思います。

「こうすると運気が上がるよ」というアドバイスを信じて取り入れる、彼女の素直さも開運を招いていると思います。

これまでいろいろな人を観てきましたが、方位や風水を気にしない人より、気にする人のほうが成功しているのは間違いありません。

本書で紹介している方法を、あなたも気軽に実行してみて！

第5章

持ち物編

——お金が集まってくる「小物」を身につける

バッグと財布は軽くする

持ち歩くバッグは軽いのが一番。余分なものを持たないようにしましょう。そのほうが疲れないので、ほかのことに頭が回るし、ストレスもたまりにくくなります。自分が感じている以上に心も身体も疲れているもの。

それに気がつけると金運も変わってきます。

荷物が重くてストレスを感じると、「ちょっとカフェで休もう」「帰りがつらいからタクシーを使おう」などと無駄な出費にもつながりやすいもの。

仕事で必要なものを持ち歩くのはしかたありませんが、普段は重いものを持たないほうが金運アップにつながります。

電子マネーの時代に入ったので、財布も、ずっしり重い豪華なものよりも、軽くて薄いもののほうが運をくれるでしょう。

このように、時代に合わせたアップデートも大切です。

財布をベッドで休ませる

財布をバッグの中に入れっぱなしにすると、金運が安定しません。

出かけて帰ってきたらバッグから財布を取り出して、財布のベッドで休ませてあげましょう。

中には財布専用の、ふかふかの敷布団と掛け布団を使っている人もいますが、そこまでしなくても、緑色のやわらかい布で包むだけでもＯＫです。

ベッドの置き場所に最適なのは、財運や仕事運に深くかかわる北西です。

財布と同様、通帳や貯金箱もこの方位に置きましょう。

通帳はもちろん、引き出しや、ちゃんとした収納ケースの中に入れます。

その近くに、父親など威厳のある存在の写真を置いておくと、財運の守り神になってくれます。父親以外なら、自分にとって「強さ」の象徴になる人、アニメのヒーロー、格闘技の選手の写真などでもいいでしょう。

お金が入りたくなる財布を持つ

財布の色は、茶色、黄色、ゴールドがおすすめです。

スマホと一緒で、2年に1度くらいは買い替えたほうがいいでしょう。

お金はいいところに住まわせてあげないといけません。

「あそこの財布なら入ってもいいよ」と思ってくれるような財布にしましょう。

そういう意味では、電子マネーの時代なので、スマホも新しいものにアップデートしていったほうがいいでしょう。

私は財布の中にお守りも入れています。

お守りを入れてからのほうが調子がいいという実感があります。

また、お守りと同じ意味で、大切な人からもらった手書きのメッセージなども入れておくといいかもしれません。

お金を生き物としてとらえる考え方も大事だと思います。

多くの人は「お金さえあればいい」という意識でいるようですが、逆に「自

分がお金を喜ばせるには何ができるか」を考えると金運が上がります。

こちら側が、お金が集まりたくなるような環境をつくるのです。

テーマパークは自然とたくさん、人がやってきますよね。

それは、人が集まりやすい場所になっているからです。

同じように、お金が集まりやすい場所をつくる。

財布をお金にとってのテーマパークにすることを心がけましょう。

お金は楽しい場所、幸せな場所に集まりたがります。

プリクラ的なものでいいので、家族や恋人との幸せそうな写真なども入れておくと、「あそこの家族、幸せそうだから」と、お金も集まってくるでしょう。

お金が住みやすいように、財布の中はきれいにして、お金と一緒にいいエネルギーのあるものや、幸せなエネルギーのあるものを入れておきましょう。

さらに、私もいつも入れているのですが、自分の名前と住所を書いた紙を入れておくと、「あの人は信用できるね。好き」という情報が、お金業界にまわっていくと思います。

お金持ちからもらったものを大事にする

お金持ちからもらった財布で金運が上がるのは本当です。

芸能人でも、成功した先輩にもらった財布を大事にしている人は多いもの。

財布だけでなく、お金持ちから手渡されたお金にも運がついているので、タクシー代でもご祝儀でも、もらったら大切に取っておきましょう。

私も、お金持ちや景気のいい会社の社長からもらったお金は、いつも使わずに取っておきます。今も財布の別のポケットに入れています。

約2年くらいは効果が続きますが、あまり効果がなくなったと感じたら使いましょう。

使うときも、ただ飲食したり、遊んでしまったりするのはもったいないので、今後の人生のために何かを学ぶ資金にするか、あるいは投資などに使うのもいいかもしれません。

仕事に合わせて手帳カバーの色を選ぶ

仕事で手帳を使っている人は、ほしい運に合ったカバーの色を選びましょう。

青系は人間関係をよくしたり、自分が客観性を持ちたいときに。

赤は自己表現、情熱をもってやっていく人、パフォーマンスで結果を出していくような職種の人に。

黄色や茶色は人ともめないで円満にやっていきたいとき、イエスマン的に、あまり自己主張しないことで出世しようとするときに適した色です。

白は、自分で道を切り開いて稼いでいく人、自分の世界を大切にしたい人。自営業やクリエイティブ系、アーティスト系におすすめです。

黒は知性や知識、頭で考える企画力、地位、名声によってお金を稼ぐ人。社長や経営者などの場合は黒がぴったりです。

バッグの中に赤唐辛子をしのばせる

赤い下着は縁起がいいといわれていますよね。

実際、毎日でなくても、たまにそういう下着をつけると給料アップにつながります。赤には、稼ぐ情熱を燃えたたせてくれる力があるからです。

お金を残したい人は、赤いトートバッグやエコバッグは赤字に通じるので、それを持つことで気が引き締まり、ムダ遣いを減らすことができるでしょう。

もっと出費をおさえたいときは、バッグの中に赤唐辛子を入れると効き目があります。

風水ショップなどで手に入る魔よけの唐辛子ストラップを身につけたり、バッグにつけるのもいいかもしれません。

稼ぐ情熱がほしいのか？　赤字を防ぎたいのか？　出費をおさえたいのか？

自分はどうなりたいのかをはっきりさせて、意図して使いましょう。

食べ物もグッズも、使い方と意識ですべてが決まります。

大ぶりのピアスをつける

耳は、上から半分が精神的な部分、下が現実的な部分を表すので、耳たぶが金運に関係してきます。

昔から福耳といって、耳たぶが長い人のほうが、金運がいいとされています。

実際、耳たぶが長く見える人たちには成功者が多いです。

芸能人なら笑福亭鶴瓶さんや、松本人志さんなどが思い浮かびませんか？

でも、耳たぶが小さいからといって悲観することはありません。

耳から下がる形のピアスやイヤリングは、耳たぶが長くなったものと考えられるので、金運に効きます。

耳たぶを仏像みたいに長くして、お金があるイメージで安心したい、稼ぎたいという人は、耳から下がるピアスをつけましょう。

逆に、新しいことをやって現状を打破したい人は、耳たぶにピタッとくっつく形のピアスを使いましょう。

色は、青系の物を使うと人間関係をうまくやっていけます。

赤は情熱をもって何かに打ち込めたり、何かを表現するエネルギーを高めます。ただし、我が強くなると金運は下がってしまうでしょう。

黄色やゴールドももちろん金運にいいですが、人にいかに愛されるかで運気が変わるので、周りとうまくやっていくことを考えるといいですね。

シルバーや白系は自分の力で行動していく感じ、道を切り開くパワーがあります。

黒系はミステリアスな魅力や知性を演出し、権力をにぎって金運を高めることができます。

形でいうと、丸が仕事運を高めます。四角形は、安定する、またはまわりとうまく調和して人に愛されます。三角や星などのとがった形は火と対応するので、自己アピールやプレゼン力で金運が上がっていきます。

もし、ピアスを開けすぎて金運が落ちたら、気づいた時点で使うのをストップしましょう。順調に金運が上がっているならそのままつけておきましょう。

つけたときからどうなったか、自分で検証することが大事です。

ネックレスやスカーフで出費を防ぐ

西洋占星術では、牡牛座がお金や金運に対応する星座。

牡牛座を表す〝のどまわり〟を大切にするかどうかで、運が変わってきます。

どうも金運がよくないなと感じたときは、ネックレスやスカーフをつけると金運をアップさせることができるでしょう。

のどを守る行為が出費を防ぐのです。

金運は身体のコンディションとも関係していて、風邪を引いたり、のどを傷めたりするときは、出費がかさみやすいのです。

色でいうと、赤は戦う力を高めて「稼げる自分」の土台をつくってくれます。

黒は知性を高め、青や緑は人間関係を表す色で、仕事運も上げてくれます。

水玉などの丸いモチーフはお金の循環をよくしてくれます。

星などのとがったモチーフは、自己表現をサポートしてくれるので、人と接する機会の多い人におすすめです。

このパワーストーンで財運がアップ

天・人・地の「三才（さんさい）」という考え方で、「運は天から降り注いで、大地でそれが跳ね返り、人に運を与える」というものがあります。「その天から下りてきた運を、地中に埋まっている石が吸収しているので、それを大地から掘り出して、身につけることで運を高める」というのがパワーストーンの考え方です。

パワーストーンの中で財運、金運に対応するのはルチルクォーツなので、パワーストーンのアクセサリーには1個でもルチルを入れるといいでしょう。

タイガーアイやシトリンもおすすめです。

あまり素晴らしい宝石をつけると、次々といいものがほしくなって出費につながるので気をつけましょう。

運気のいい人、幸せな人、お金持ちにもらったもので運気が高まるのは、アクセサリーも同じです。「何がほしい？」と聞かれて、ルチルのついたアクセサリーをお金持ちに買ってもらえたらラッキーですね。

リンゴのネイルアートをする

手の指で、一番金運とかかわりが深いのは小指です。

小指には財産線があるからです。

ここに指輪をつける人は、お金が来るか出費が増えるかどちらかです。

すでに小指に指輪をつけていて金運が来ない人は外してみましょう。

まだつけていなくて、どうも金運がイマイチだと感じたら、ピンキーリングをつけてみましょう。

金運には、先にもお話ししましたが、ラッキーモチーフであるりんごのネイルアートも効きます。

たとえば、親指から薬指までは全部赤いリンゴで、小指だけゴールドのリンゴとか、そんなデザインを指定してみるといいかもしれませんね。

柑橘系の香りを使う

身にまとう香りにも、エネルギーを変える力があります。

金運アップにいいのは、グレープフルーツ、オレンジ、レモン、ライムなど、柑橘系の香りです。

木（木）から花が咲き（火）、大地から養分を吸って（土）、実がなる（金）、その皮や果汁からアロマオイルができる（水）。

そんなふうに、柑橘系の香りにはすべての五行が含まれているので、豊かな循環のエネルギーを吸収できます。

柑橘系の香りをかぐと精神的にもリフレッシュできて、元気になれます。

柑橘系の香りは、シャンプー、ボディソープ、アロマオイル、アロマキャンドルなど、さまざまな製品に使われています。

全部オレンジの香りでそろえてみたり、いろいろな柑橘系をミックスしてみたり、自分の好きなように楽しんで使ってみてください。

130 死を連想させるものを持ってもかまわない

一般に、死を連想させるものは風水的にダメとされているようです。

でも、古代生物の化石を集めて楽しんでいる人もいるし、それで幸せならかまわないと思います。ハロウィーンのお化けやガイコツグッズなども、よくないと言う人もいますが、私は一概に悪いとは思いません。その人次第です。

実際にドクロが大好きなアーティストもいて、そういうコスチュームやアクセサリーを身につけて、死ぬほど稼いでいたりします。死をイメージするものから「死ぬ気になって頑張ろう」と思えるような人はそれでいいのです。

「もう、あとがない」「今、頑張らなかったら、私は一体いつ本気になるんだ」など死を近くに感じることで頑張れるなら、置いてかまいません。

ただ、そういうものに引っ張られて、陰の方向に行ってしまうなら避けたほうがいいです。そういうタイプの人は、ホラー映画などもやめておきましょう。

買って大事にしなかったものはすぐ手放す

ノリで買って、ほとんど弾かなかったギター。

押し入れの中の、1、2枚しか開封していない英会話のCDセット。

セールで買ってすっかり忘れていた、タグがついたままの服。

勢いで買ったけれど結局活用しなかった……そういうものをいくつも抱えている人は要注意です。

買ったものを粗末に扱ったということは、調子に乗っていたということ。

すると、しっぺ返しで、その分、使いたくないお金が出ていくことになります。

友人の急な結婚式に呼ばれる、行っても意味のない食事会や飲み会に参加してしまう、風邪を引いて医者にかかる、普段やらないギャンブルを勢いでやって損をする……そんなことが起きてしまいます。


お金を出して買ったものはアバター、つまりお金の分身です。

お金本来の性質と会話していない、つまりお金とのコミュニケーションが成り立っていないので、お金に恨まれます。

たとえば雑誌を買うのが習慣になっていて、たまっている昔の雑誌もずっと捨てられなくて、部屋が狭くなっている人もいるかもしれません。

高価なもので資料として使っていたり、思い出として大切に保管をしていないのであれば別ですが、それらのせいで部屋が狭くなっていたり、もう愛情がなくなっているなら、フリマサイトやオークションなどを使って流通させたり、人にあげたほうがいいでしょう。

そのほうがお金も喜んでくれます。

買っただけで使わないものを放置しておくと、お金との会話ができないし、部屋が狭くなり、風水が悪くなって金運が落ちることがあります。

金運の悪さを感じる人は、すぐに手放して、お金と会話してください。

「大切にしなくてごめんなさい」とお金に謝ってから、よく考えてお金を使うクセをつけていきましょう。

自分が使い古したものは迷わず捨てる

アンティークやいただきものの中には、持ち主の念が入りすぎているものがあります。持ってから運が悪くなったと感じたら、処分したほうがいいです。

でも、古着のジーンズとか、すごく高価なヴィンテージものを大切にしていて運のいい人もいます。古いものが全部悪いというわけではありません。

幸運な人が持っていたものが、幸運を呼ぶこともあります。

また、自分が使いつづけて古くなったものは、こわがらないで捨てたほうが、運がよくなります。

「こんなにいいものはそんなにないはず」「また買えるか不安だ」と思って捨てにくいのだと思いますが、古いものは時代に合わなくなるので、そこに運はないと考え、思い切って手放す勇気を持ちましょう。

不安かもしれませんが、そこに幸運はないので、「不安だからこそ頑張って働いてお金をつくろう」と思い、捨ててください。きっと幸運が来ます。

古いお守りの正しい捨て方

「古いお守りってどうしたらいいの？」と気にする人は多いですね。

「神仏関係のものを普通に捨てるのは、気が引ける」という人は、神社かお寺でお焚き上げしてもらうといいでしょう。

でも、本当はゴミ箱に捨てても大丈夫です。バチが当たったりはしません。運を使い切ったものはぬけがらと一緒だからです。

10年も20年も前に恋人とペアで買ったペンダントやリングも、まだ持っているという人はあまりいないでしょう。

どんなに大切していたものでも、すでにエネルギーはからっぽです。

それでもお守りを捨てることに心が痛むなら、塩をふりかけて浄化して、紙に包んで捨てましょう。

だいたい、そんなことに悩んでいる時間がもったいない。それだけで金運が下がってしまうので、古い不要なものはどんどん処理しましょう。

使ったお金にクヨクヨしない

お金に関してよくいわれるのが、「消費より、資産を増やすための投資をすべき」ということ。

「これは将来につながる」と思って使うことは、すべて投資です。

自分磨きでも副業でも、たとえ失敗しても経験になるのでＯＫです。

消費は、ただその日その場で楽しむだけに使ってしまったお金のことです。

でも、それもそこでストレスを発散できて、気分が高まってお金を稼ぐ意欲につながったりするので、あまり気にしすぎなくてもいいかもしれません。

大事なのは、使ったお金を自分で「ムダだった」と思わないことです。

成果が出なかったとしても自分へのいましめになるし、どんな使い方をしても考え方次第です。

命を落とす危険があるとか、会社のお金を使い込むなどの犯罪行為以外は、自分が使ったお金を後悔しないほうがいいと思います。

欲望や見栄でローンを使わない

お金は、欲望のために使うと運を下げます。

ギャンブルのためや、誰かに貢ぐためにキャッシングしたり、人に自慢する目的でブランドバッグをリボ払いで買ったりしないでください。

移動手段として、車やバイクなどを買うのにローンを組むのは、「これだけローンを背負ったんだから稼がなきゃ」というハングリー精神につながるので、金運アップが期待できます。

ただし、自分が払えるキャパシティに合った金額でないといけません。

家を買うときも、見栄で高額すぎるローンを組むと金運が下がります。

貯金がそんなにないのに高級な家を買おうとしてはいけません。

だいたい、見栄を張って家を建てると、その途端に運気が落ちて仕事がうまくいかなくなったり、仕事がなくなったりします。とにかく単なる見栄や欲望のために、自分のキャパシティを超えたローンは組まないのが正解です。

財布の中には「幸せなお金」を入れておく

財布に入れておくお金は、もちろん汚いものよりきれいなほうがいいです。お札にアイロンをかけてしわを伸ばしたりするのも、お金を大切に扱うという意味では、いいことだと思います。

でも、「絶対に新券でなければ」とこだわる必要もありません。
それよりも大事なのは、「いい感じがするかどうか」。

買い物をしておつりをもらったとき、今年発行されたばかりの硬貨が来て、「運が来てる」と思えたら、それを取っておきましょう。生まれ年に発行された硬貨が手に入って「ツイてる！」と感じたら、それを大切にしましょう。新券のお札も、手にしていい気分になるものは全部いいものです。もしネガティブな気持ちになってしまったときは、両替などして手放しましょう。

ときには、泥がついたり、しわくちゃのお札が幸運をくれることもあります。ドラマ『北の国から』の「泥のついた一万円札」の回を思い返してください。

父、五郎に上京するとなかなか言えなかった息子の純に対して、五郎が一生懸命お金を工面し、東京に行く長距離トラックの運転手に純を乗せていただくお礼にお金を渡します。すると運転手は、封筒に入っていた泥のついた一万円札を見たときに、純に「これは受け取れない。お前の宝にしろ。一生大事に取っておけ」と言って渡すシーンです。その泥のついた一万円札からとても強い愛情を感じられます。これは「いいお金」になります。

お金には愛情、怨念、憎しみ、怒り、いろんなものが染み込んでいます。

そういうお金と、うまく対話していかないと振り回されてしまいます。

人の念、気持ち、オーラが入っているものなので、生きていると思って接していくこと。人を見て「この人、顔色が悪い」とか「この人、元気そうでいいオーラが出ている」とか感じることがありますが、それはお金にもあります。

そのお金がいい運を持っているか、悪い運を持っているかは直観でわかるはず。その感覚をとぎすませてください。

そして、財布の中のお金に「幸せ?」と心で問いかける習慣を持ちましょう。

COLUMN5

Loveちゃんのおかげで、
金運アップしました！⑤

高価な買い物で「成功のメンタル」をつくる

~あるJリーガーの場合~

あるとき、Jリーグの前座試合に出場させていただき、その打ち上げの食事会に参加しました。

そこで「占ってください」みたいな流れになって、いろいろな人の性格を当てたり、占い目線でプレーのアドバイスをしたりしたのです。

その中で、レギュラーになれなくて、金銭的にもあまり恵まれていない選手がいました。

まわりの選手たちも、「けっこういいやつなんだけど」と言うのですが、チームにもあまりなじめていない感じでした。

そこで私はこうアドバイスしました。

「稼ぐには給料の3倍くらいの、30万円以上の時計を買うこと。買ったら絶対レギュラーになれる」

本人は、最初は「お金がないし、そんなに高い時計は買いたくない」と言ったのですが、私が「買ったら移籍金とかで稼げるよ」と言ったら、本当に時計を買ったのです。

それから彼は活躍するようになり、チームの中心人物になり、別のチームに移籍していきました。

言ったとおりになったのです。

彼に高価な時計を買うようにすすめたのは、なんとなく、背負っているものや覚悟が足りない感じがしたから。

内面からもっと鬼気迫るものを出していく必要がありました。

「お金がない中でこんな高級な物を持ってしまった。取り返さなければ」という気持ちを出させたかったのです。

COLUMN5

Loveちゃんのおかげで、金運アップしました！⑤

また、時計は時間の流れを表し、天の動きとともに回っていくので、もともと開運アイテムです。

お金持ちのほとんどはいい時計を持っているし、時間の大切さを知っています。

アスリートも選手生命は限られているし、試合の限られた時間内で輝かないと稼げないし、チャンスを逃してしまいます。

それを意識できる人がうまくいくのです。

強い覚悟と、時間に対する厳しい意識を持って毎日を過ごす。

彼の中にそういうメンタルをつくりたい、そう思ってのアドバイスでしたが、実を結んでよかったと思います。

単に時計を買ったからではなく、時計を買ってメンタルが変わったから彼は成功したのです。

第6章

人間関係編

——お金と相思相愛になる「相性」を知る

やる気を高めてくれる相手を見つける

自分の金運が上がる人間関係のポイントは、一言で言って、「その相手といて、アドレナリンが出るかどうか」です。

単に好きとか尊敬できるとかだけではないのです。

恋愛でも、恋をする相手とつきあう相手は違います。

もちろん一致することもありますが、一致しないことのほうが多いですよね。

せっかく出会ったけど緊張してうまく話せない人は、テレビで見ているタレントと一緒で、恋をするだけの相手。

一緒にいても疲れるだけで、その先のビジョンは見えてきません。

「どうしよう。デートしても何を話せばいいかわからない」とか「一緒に旅行したらつらい」とか、心配ばかりで楽しめないような相手は、いくら魅力的でもつきあうのには向かない人です。

つきあう相手には、なんでも言えたり、ノリのいい感じでスムーズに距離が縮まっていきます。

人間関係も同じで、「一緒にいて波長が合う。テンションが合う。面白い発想が次々浮かんだり、アドレナリンが出てきて気分が高揚したり、やる気が出てくる」という人が、同性か異性かにかかわらず、金運を上げてくれます。

スポーツでいうとゾーンに入ったような、テンションの上がる感覚になり、気分がよくなって、自然と笑顔になるような相手と一緒にいるときに、「こうやったら仕事がうまくいく」や「こうすると儲かるんじゃないか」などの考えが浮かんだら、それを実行すれば、お金に結びついていきます。

そういう人と、仕事をする中で出会えたら一番いいですね。

ただし、相手が詐欺師で、気分よく乗せられて、あぶない契約書にサインさせられるなどの場合もあるので、気をつけないといけません。

適材適所感覚を身につける

私の占いや予言は、おかげさまでよく当たると評判をいただいています。語る内容がほかの占い師さんとは違うとも言われますが、それは、星の動きを論理的に解釈して、最後に独自のひらめきを加えたものだからでしょう。時には霊感も活用していますが。

きっかけは、十代の頃の運命的な出会いでした。当時、受験のために予備校に通っていたのですが、そこでとてもユニークな先生に出会ったのです。

その先生はオカルト好きで、不思議なことや目に見えないものの話をしたり、「この教科は○○予備校の○○先生の講義を受けないとダメだ」とか、他校の優秀な先生の講座をすすめてくれたりしました。

それで出会ったもう一人の先生は、英文解釈の方法論を数学のように論理的に教えてくれて、初めて講義を聞いたときは感動してしまったほどです。

この先生のもとに2年間通い、論理的思考力を鍛えられた経験は、吉本に入ってお笑いのネタを書くときにも役立ちました。その後出会った占いの師匠たちも、みんな超論理的に占いを教えてくれる人たちばかりでした。

そういう数々の出会いが、私の占いのスタイルをつくったのです。

統計的なデータを活用して占う人たちも、私みたいに「この星とこの星がこうだからこう解釈する。さらにこの人のイメージだとこうなる。プラス霊感」という人も、それぞれ頑張って業界を盛り上げていければ理想的ですね。

1人で何もかもやろうとすると、生産性が悪くなります。「この分野はこの人に任せる」というふうにやるほうがいい。会社をつくるときも、法律のこと、税金のこと、営業活動、全部自分でやろうとしたって無理ですよね。

「私はこれが得意。でもこれはこの人に任せるべき」と、シェアする感覚を磨かないとお金はやってきません。たとえば1冊の本をつくるときも、さまざまな人たちの協力があってはじめて多くの人のもとに届き、お金が生まれます。

人の力を借りていい流れをつくるには、もちろん自分自身も魅力的でないとダメ。謙虚に自分自身を磨いていきましょう。

常識で縛ろうとする相手からは離れる

これから何かはじめようとする人は、自分にとって楽しいと思えることをするのが大原則です。

「それはよくないよ」という人とは縁を切ることです。でないと、可能性が小さくなって個性が失われます。

「やめておきなさい」「できるわけない。やるべきじゃない」など、親がよく言うセリフですよね。それも肉親の愛情だし、自分も愛情があるけれど、自立してひとりにならないとお金は生まれてこないのです。

一度親離れしたあとに稼いで戻ってきたら、「どうだ」みたいな、見返すような気持ちではなく、産んでくれたことに感謝しながら接するメンタルになっていたら、よりお金を呼べる人になっているでしょう。

最初は、彼らが自分の可能性を狭めていたことへの若干の恨みや憎しみをバネに、稼ぐ可能性が高まるかもしれませんが、成功していくうちに、それは

ちっぽけな感情だとわかるようになります。

そのときは感謝を持って接すればいいのです。

家族がつくった囲いから抜けましょう。

私自身、中学の部活は疲れるからやるなと言われましたし、20代での一人暮らしも反対されましたが、全部反発して思いを通してきました。

親は愛してくれるけど、親の言うとおりにするのは自分の人生を生きていないということなので、可能性が狭まってしまいます。ハングリー精神を養わないと「大きく稼ごう」というメンタルもエネルギーも生まれないのです。

安全志向は大切だし、コツコツ努力することも大切ですが、どこかで人と違うものを出して、個性を解放しないと、お金は生まれません。

ブレーキをかけてくる人とは距離を置いておくことです。

友人も、ポジティブな意見を言ってくれる人がいいというのは正しいです。

ただ、あきらかに無謀で、「詐欺にひっかかりかけている?」なんていう場合は、ちゃんと止めてくれるのがいい友人です。

そこはしっかり見極めましょう。

運を上げてくれる人を見極める

金運を意識するのと同じくらい大事にしたいのは、人生への違和感です。
「なんか変だな？ この人と会っていると運が落ちるみたい」とか、その人との交流で自分が変な方向に向かっていると感じたら、距離を置きましょう。

「かかわったほうがいい人」「かかわってはいけない人」「お金を呼ぶ人」「お金を呼ばない人」、そういう違いがわかるようになることが大事です。

「この人、社長だから、一緒にいるといいかも」なんて思っても、その人が本当にお金を呼ぶ人かどうかはわかりません。

肩書があったり、いい車に乗って派手な生活をしていそうだと思っても、実は借金まみれかもしれません。欲で人を選ぶと、金運は落ちていきます。

ですので、自分が気分よくなる人と一緒にいましょう。

でも、おだてて気分をよくしてくれる人はダメです。だまされる可能性があるので、切ってしまうほうが無難です。一緒にいるだけで安心できる、楽しめ

る、頑張る意欲や新しい発想が生まれる。それが金運を呼ぶ人です。

その人がいると場がなごんで、会議や打ち合わせもいい感じで進む。その人をいじることで場の雰囲気がよくなる。自分が成功したときも、そばにいてほしいと思える。それが自分にとってプラスになる人です。

そういう人とは、同じ時間や空間を共有するだけで毎日が楽しくなったりします。そうすると、お金が「あの楽しそうな人のところに行きたい」と思ってくれるので、ストレスの少ない、お金になる仕事のオファーがきます。

組織で働く人なら出世コースに乗れます。

一緒にいると金運がよくなるか、お互いにプラスになる縁なのか、そこを見抜くためには、ラクして稼ごうとしない、欲を優先しないことが大事です。

お金を呼ぶ人と出会うことに的を絞った生活習慣をつくりましょう。

日々の食事、睡眠、生活パターン、つまり、自分のコンディションを整えて判断力を養うことです。あとはこの本を参考に、金運アップのための「金トレ」をしていれば、必ずいい出会いに恵まれるでしょう。

人生は運の吸い取り合戦

人生はある意味、運の吸い取り合戦です。

自分が幸せになる、金運が高まるということは、誰かがマイナスになっているということ。

結婚式も、新郎新婦はご祝儀をもらうけれど、出している人たちはマイナスですよね。宝くじや懸賞に当たったときは、購入したり、応募したほかの人すべてがはずれているのです。

株で大儲けしたら、一方で大損している人たちがいます。

「いかに金運を上げるか」は、別の言い方をすると、「いかに人から運を吸い取るか」。

吸い取られた側は防御できません。だから、ただ自分の運が上がればいいんだと思わずに、その人たちに感謝する生き方をしたほうがいいでしょう。

大金持ちがボランティア活動をするのも、ちょっとずつ国民からお金を吸い

取っている分を還元しないといけないからです。

人に恨まれないことも、最終的には金運を守ることになります。

「あの人がランチ会をするから、みんな集まろうよ」「あの人がイベントをやるから、みんなで参加しよう」みたいなリーダー的存在の人、いますよね。

それは、その人がみんなから運を吸い取っているということ。

その人が仕事をくれるとか、何か還元してくれるならいいけれど、違うならつきあいを見直したほうがいいでしょう。

そういう相手と縁を切れば、運を吸われない状態になるので、もっといい出会いが必ず来ます。一瞬孤独を感じるかもしれないけれど、そういう会合に行くのはやめましょう。

そんなことより、会費などの出費が減って、通帳の残高がちょっとでも増えるほうが楽しいと考えましょう。

自分の運が上がったら、今度は運を集めるほうになれます。そのときは、その人たちへの感謝の気持ちと、何かの形で還元することを忘れずに。

強力に運を吸い取る人の特徴

ミュージシャンや俳優など、人前でパフォーマンスをする人は、強力に運を吸い取る人です。彼らはステージではファンにエネルギーを与え、自分もエネルギーをもらって相乗効果を生み出しています。

そして、オフになると吸う側になって運をためているのです。

社長をやっている人も、仕事ではみんなに運を与えているので、プライベートでみんなから運を吸っています。**だから、社長にプライベートで誘われたときは、「私の大事な運を与えている」と考えておきましょう。**

その行動は、対価に見合っているでしょうか。「都合を合わせて来たんだから、チャンスをくれるだろう」などと思って接すると、ただ運を吸われて終わります。吸われてしまったら、日々淡々と運をためていくしかありません。

そのときはごちそうしてもらっても「食べすぎない。飲みすぎない。相手に甘えすぎない」を心がけましょう。ごはんは家で食べるつもりで、接待として

割り切り、おなかいっぱいにして帰らないこと。自分な貴重な時間を与えた分の得を飲食で取ろうとしないでいれば、運を吸われないで防御できます。「私は得していない。これだけ時間を使ったんだから運をあげたんだ」という意識でいると、社長といい気を交流でき、自分の運も高まっていきます。

もし誰かと一緒に食事しておなかが痛くなったり、二日酔いになったりしたら、運を吸われている証拠。おなかのコンディションは、つねにいい状態にしておかないと、運が下がってしまうので、回復に努めましょう。

悩みを打ち明けてくる人も運を吸い取ります。親身になって、相手から「元気になった！」と言われたら、もう吸われています。自分が食事代をおごるなんてもってのほかで割り勘もダメ。お金をもらわないと割に合いません。

話を聞くときは客観的な態度をキープして、終わったら気持ちを切り替えましょう。あとで思い出すだけでもその人とつながるので、要注意です。

逆に、自分も人の運を吸っていることがあります。自分はその人と一緒にいると楽しくなるけど、相手はうまくいっていない状況だったり、自分が優越感を感じている、そんなときは相手の運を確実に吸い取っています。

無料で悩み相談に乗らない

「人からよく悩みを相談される」という人はいませんか？

気をつけてください。

お悩み相談に乗ると、金運が下がります。人の不幸を背負ってしまいます。

組織のリーダーで、メンバーから慕われていたりすると、どうしても相談を受けてしまいますが、相談を持ち込んでくる人たちをいかにかわすか、それが運を下げないポイントです。

たとえば、タレント事務所の社長が、所属タレントに「相談に乗ってほしいから、会いたい」と言われたときは、社長が運を吸われているのです。

私たち占い師も、悩みを相談されて励ますと、その人は元気になるけど、自分は重い話を聞かされて運が下がるのです。

その分のごはん代をごちそうになるとか、対価をもらわないと、受けてしまったマイナスのエネルギーを断ち切れません。

占い師も、それなりに高いお金をもらわないと運が下がります。

相談に乗ったあとは、相手の不運や怨念が自分に乗っかるので、家に帰ってシャワーを浴びたり、いい睡眠を取らないと、金運にも悪影響が出ます。

先輩風を吹かせて、自分から「相談に乗ってあげるよ」という人がときどきいますが、そういう人は自分のエゴを満たしているだけなので、その人に相談すると運を吸われ、逆にあなたの運が落ちるでしょう。

私も、友人知人からたまに相談されることがありますが、そういうときは、あまり共感能力を発揮しないように気をつけています。

冷たいと思われるかもしれませんが、自分の運を守れるのは自分だけ。

相手を自分に依存させてしまうことも、結局はその人のためになりません。

それよりも、「悩みは、自分が変わることでしか解決しないんだよ」と、さりげなくわからせてあげるのが、本当の優しさだと思います。

エネルギーを吸い取る人とは好きでも別れる

その人と一緒にいると元気が出ない。なぜか仕事も思うように進まないし、変にお金が出ていって生活がきつい。

そういう場合、相手はあなたの運を吸い取るので、これ以上一緒にいてはいけません。すぐに離れられない場合でも、相手に同調しないことが大事です。

長々とグチを聞いてあげるのをやめて、自分からその場を切り上げる。

相手が何十行もの長文メールを送ってきても、返事は1行だけにするというように、自分のペースを死守するのです。

もし、すでに仲良くなった相手だったとしても、一緒にいると元気がなくなってしまう人とは、自分から遠ざかる勇気を持ちましょう。

エネルギーには、限りがあります。

その人との関係にエネルギーを使っているから運が来ないのです。

もちろん、どこかで情をかけることも大事。

平気で人を踏み台にするような行為にはしっぺ返しが来ます。

相手に必要以上のダメージを与えない配慮は必要です。

本当なら、向こうがこちらの気持ちをおしはかって、「あなたは自分と一緒にいるより、あの人と一緒にいたほうがいいよ」と言って、身を引いてくれるような関係なら理想的です。

でも、それはめったにないことだと思います。

気が重くても、自分で気づいて自分で断ち切ることが必要。

そうしないと、人生を向上させていくことができません。

成長のためには、出会う人を自ら変えていかないといけないのです。

「これ以上一緒にいても運を吸い取られるだけ」だとわかったら、恋愛感情や、「お世話になったから」などの情でとどまるよりも、「私はもう十分尽くした」「十分片思いした」と考えて、未来のために離れること。

「今度は、自分の使命のために生きよう。自分が守らないといけない人のために生きよう」と考えてください。

ちょっとだけ、だまされてみる

「こんな方法で稼ぎませんか」
「月○○万円以上の収入が確実です」
インスタグラムやツイッターなど、SNSのダイレクトメールでこんな連絡が来ることがありませんか？　こういうオファーは、有名な会社や身元の明らかな人からの接触でない限り、ほとんど詐欺と思って間違いありません。

私はフォロー外の人からはダイレクトメールが来ない設定にしてありますが、この前試しに設定を変えてみたら、すぐに知らない会社からオファーが来ました。怪しいかどうか以前に、そこと一緒に仕事をしなければいけない理由が見つからなかったので、お断りしました。

まだ経験の少ない人は、社会勉強になるので、大きなお金がかかるとかでなければ、1回はだまされてみるのもありかもしれません。

いろいろな人やいろいろなメールを見ていけば、相手の話が本当かどうかわ

かっていきます。見極める目を持てない人は、まだ世間知らずでスタートラインに立てていないということ。

そういう人は、もっと失敗を繰り返さないといけないのです。

どんなにお金を稼ぐ人たちも、最初はみんな借金したり、何かしら失敗しています。そのリスクを取らないとお金は来ないのです。

まずマイナスがないと、何かを得ることはできません。

幼少期が貧しかった反動でお金持ちになっている成功者は山ほどいます。

マイナスを全部省いて、安全な道を取ってお金を稼げることはまずありません。今まで幸せに安定した生活を送ってきた人は、一度社会の荒波をくぐり抜けてみること。

変な人たちが寄ってきて利用されそうになったり、だまされそうになるという経験をしてみるべきです。

そうやって「これはウソだ」「これは本物だ」と見極められるスタートラインに立てたら勝ちです。お金がやってきます。

味方を増やす時期？　敵をつくる時期？

会社の中では、いわゆる「8：2の法則」が生きています。

利益を上げている人は全体の2割だけ。もしその2割の人たちで会社をつくったとしても、利益を上げる人はまたその中の2割になります。

ただ、会社の利益を上げるのと、出世はまた別です。

実力で大きな利益を上げている人も、もちろん出世はしますが、そういう人は独立していくことが多いでしょう。**組織の中で出世することで金運アップすることを望むなら、イエスマンでいることをおすすめします。つまり、「こいつといたらラクだ、テンションが上がる」と思われるキャラになることです。**

そうすると上司が引き上げてくれて、管理職や、うまくいけば経営陣の仲間入りです。イエスマンで出世する人は能力があるわけではなく、まわりもそれを知っているので、本人は複雑な気持ちかもしれません。

でも、その分、部下がしっかりするから大丈夫です。

組織はそうやってうまくまわっているのです。

創業期の小さな会社などは別として、普通の組織では、上の人たちに言われたことだけ忠実にこなしていれば、勝手にお金が入ってきます。

自己主張は、ある程度の地位になるまで我慢すること。プライベートを楽しんだり、サイドビジネスとして好きなことをやっていく道を考えましょう。

将来的にはどこの会社も、「一生みんなの面倒を見るわけにいかないから、自分で稼ぐ道を探ってほしい」と副業OKになるはずです。

でも、少なくとも組織に身を置いている間は自己コントロールが必要。

感情に負けてイヤな上司に敵意を出すと、その瞬間に金運が下がります。

今、自分は味方を増やす時期か、敵をつくる時期か……。

自分自身のスキルを磨くためには、敵がいたほうが成長のパワーになるし、会社でのポジションや経済の土台をつくる時期なら、自分にいい評価をくれる味方をどんどん増やしていくべきです。

「好き」を仕事にしてはいけない理由

「好き」と「仕事」を両立させたいという人、気持ちはわかります。

もちろんやりたいことをやって稼げる人もいるし、やりたいことと稼げることが一瞬重なる瞬間もあります。

でも、稼ぐことを第一にやっていかないと、お金にはなりません。

そちらを優先できれば、「本当はこんなふうにやりたい」「上司にほめられたら同僚にイヤミを言われた」などの、仕事上のモヤモヤも気にならなくなります。

自分のやり方にこだわるより、イヤミな同僚に好かれることより、もっと大事なことがあるとわかるからです。

「全部自分でやりたいけれど、そうするとほかのことができなくなるし、目的を果たすためには人の力を借りたほうがいいんだ」という考え方も、できるようになります。

まず「お金を稼ぐ」というゴールを設定して、「そのためには何をすればいいだろう？」と逆算で考えてください。

「好きなことを全部やって稼ごう」や「みんなのためになって、お金になればいいな」だと、お金になりません。

「理想の先にお金が来る」と考えると、すごく遠回りになってしまうのです。

「今、時代にこれが求められているから、こういうものをつくるとお金になる」という考え方が大事なのです。

就職する場合も、もし大きく稼ぎたいなら、「契約社員で入って、2、3年経ったら社員にしてもらって……」などの普通の考え方だと、道は遠いでしょう（普通が悪いとは言いません。あくまでも大きく稼ぎたいなら、です）。

お金を稼ぐ意欲があるなら、ひとつでいいから自分の武器をつくってそれを売り込み、出世を目指す情熱と行動力が必要です。

人に発信できることを見つけて収入にする

昔はよく、「フリーは不安定だからやめておけ」と言われました。でも、もう時代は変わっています。これからは、フリーになることを恐れないことです。人に求められるようなスキルを備えて、収入をもらえる場所をいくつも持つ。そういう時代です。もう終身雇用は崩れてきているからです。

もちろん、守ってくれる立派な会社もあります。

でも、この先は何があるかわかりません。

リストラもある、会社自体もいつまであるかわからない時代なので、「次」を考えながら行動することが必要なのです。

「そんなの心が安定しない。イヤだ」と思うかもしれないけれど、逆に「みんなが平等にお金を稼げるチャンスのある時代なんだ」と発想を変えましょう。

個性やスキルを磨いたり、いっぱい面白い経験をしたりして、それを発信できる人がお金を生み出せます。

遊びが仕事になる時代だから、好きなことを追求している人が強いのです。男性なら、たとえばプラモデルや漫画、ゲームなど。女子ならメイク、アクセサリーや料理のつくり方、収納など。ＳＮＳや動画を使って、そういう自分だけの特技やノウハウをアップして、それがお金になっている時代です。

ただ、本当に好きなことでないと、そのレベルにはいけません。

これからは、単純作業や事務仕事はＡＩに取られていくと認識して、年齢が何歳だろうと気にしないで、とことんやっていきましょう。

70歳でパソコンを覚えた人が、ソフトで絵を描いてテレビに出たり、商品として売れたり、80代の女性のおしゃれなコーディネートがインスタで評判になって、本が出版されたりしている時代です。

お金がほしい人は、お金をかけずに楽しめるようなことを突き詰めてください。また、そういうことをやっている人たちと交流しましょう。

「不安だからこわい」と思わないでください。安定しないということは、逆に、いろいろな可能性があるということですから。

うわさには流し方がある

諸葛孔明のような優れた軍師は、人から人へ伝わるうわさを利用して、戦で自分たちが有利になるように、策をめぐらせていました。

私たちも、自分のうわさをうまく流すことで、金運を呼ぶことができます。もしすごくやりたい仕事があったとしても、「私はこういうことができます。仕事をください」と真正面からぶつかるだけではうまくいきません。

相手の懐にうまく飛び込むには、風の動きを利用するのです。「風のうわさ」といいますよね。風に学び、あなたの評判を風のように伝えていくのです。

ターゲットと近い存在の人と親しくなり、いい成果を出していれば、自然といたるところであなたの話題になり、ターゲットの相手もあなたに興味を持ってもらえます。ある程度は自分ができることをネットで拡散させてアピールしていく必要もあるでしょう。また、風水的に考えると、部屋の南東をきれいにして換気すると、いい連絡が来たり、風があなたの味方になってくれます。

コンビは運を分け合う関係

浮き沈みの激しい芸能界。とくにコンビを組んでいる人たちは、シーソーのように片方がよくなると片方が落ちたりします。

はたから見ても、不思議なほどそうなっていますよね。

運の法則からいって、コンビを組む相手同士は夫婦と一緒、一心同体です。

その相方がいるから稼げるという安心感もあるし、運が来るのです。

片方がよくなるとどちらかが不幸になる。

ある意味、相手のための「いけにえ」なのです。

2人とも仕事をバリバリすると、半分ずつ運を分け合います。

もし両方がうまくいくと、家庭で何か問題が起きたりします。一方で、片方が運を使わないときは、もう片方に全部、運が行ってしまうでしょう。

あるベテラン芸人さんなどは、「自分が運を使うからお前は働くな」と奥さんに言って、ずっと専業主婦をしてもらっているそうです。

ひとつ例を挙げてみましょう。

お笑いコンビの話です。Aさんがある番組のレギュラーになって人気が出たとき、相方のBさんは病気になりました。次にBさんが自分の得意分野でメジャーになったとき、Aさんは仕事が激減しました。

やがてAさんが本を出してベストセラーになると、今度はBさんが問題を起こして、とうとうコンビは解散しました。

ほかにも似たような例がたくさん思い浮かびますよね。

ごくわずかな例外はあるにしても、コンビは、片方が売れるために片方が不運を背負うしくみになっているのです。

そんな状況の中で、生き残っていく人たちは何が違うのでしょうか。

生き残る人は、調子に乗らず、自分のためだけに仕事をしていません。

結局はその人の人間性がどうかという点に行き着きます。

そこに、悪い人を寄せつけなかったり、悪い縁を切れる「力」や「運」が宿るのです。

151 人生のメッセンジャーと出会う

どんな人にも人生のメッセンジャーがいます。

だます目的で近づいてくる相手は論外ですが、違和感がない相手がアドバイスをくれたとき、そこに「全乗っかり」できるかどうかが分かれ道です。

人とどう出会って、どううまく運に結びつけていくかは、自分の頭だけで判断するのは難しいもの。

恋愛でも、「この人、好き。でもなんとなくヤバいな」と感じるときは、切るべきです。

「でも、いい人だから」なんてやっていたら幸せになれないでしょう。

占い師にも「大丈夫、3年後結婚できる」とかポジティブなことだけを言う人がいますが、今の努力しない自分を変えなかったら結婚はできません。

ポジティブなことを言われて喜んでいるだけでは、運は上がりません。

厳しい意見を受け止めて「そうか、自分はこういうところがよくないから、直したらもっといい相手に出会える」と思えることが大事です。

耳に痛いことを言ってくれる人の言葉に全乗っかりできるか、ギャンブルだと思って自分をそちらに持っていけるか、ということです。

出会いは成長させてくれるためのもの。

もし失敗したら、「私はこういう雰囲気の人とかかわっちゃいけないんだ」と覚えましょう。

メッセンジャーからもらったアドバイスを習得していくと、また違ったアドバイスをしてくれる人が登場します。

46歳くらいになったら、逆に自分が人にメッセージを伝える側になっているかもしれません。

そうなったときは、自分にお金が来ている証拠といえるかもしれませんね。

バッタリ人と会うことには意味がある

たとえば会社でも学校でも、そこに集まった人たち、そこで仲良くなった人たちにはどこか似た空気があったりしますよね。

それはすれ違うだけの関係でも同じで、その日すれ違う人たちは結局同じ人種、同じ行動パターン、似た者同士なのです。

だから、人とバッタリ会うことは偶然ではなく必然です。

私も、ひとりで新幹線に乗っていたら、隣の席に「すいません」とやってきたのが知り合いだったことがあり、お互い驚いたことがありました。

そういう出会いは、やっぱり縁の強さだったり、大切にしないといけない関係性だということを表しています。

「こういう人にめぐりあいたい」と思っても、憧れの対象とはなかなかめぐりあえなかったりしますよね。同じ細胞、同じＤＮＡを持った人たちの縁やめぐりあわせを大切にしていかなければいけないということなんでしょう。

前世があるならば、今、出会って仕事している人、同じ家族の人たちとは、配役が違うだけで前世でもなんらかの関係があった人に違いないのです。

来世でもきっと配役が変わって、何かの関係性を持って出会うでしょう。ただ、そこから運命の幅を広げていける場合があります。たとえば、住んでいるところの近くの神社で、昔好きだった人にバッタリ会ったとします。

そのチャンスをつなぐかどうかで、きっと運命は変わります。

神様はそこまではやってくれるけれど、あとは人間の自由意思。実際どうなるかはわかりませんが、何か運命を感じたほうが幸せではないでしょうか。

バッタリ会ったのが好きな人だったら運気がいいでしょうし、キライな人だったら運気は最悪です。予想外の出会いはそんなバロメーターにもなります。もし同じ日に、好きな人とキライな人、両方とバッタリ会ったらプラスマイナスゼロ。運の帳尻が合ったということです。

ほかにも「今日は運を使っちゃったかな」とか「いただきものをしちゃったから、何かマイナスをつくって運を守ろう」とか、日頃から運についてよく考える人のほうが、成功の確率は高くなります。

153 玉の輿タイプか男を育てるタイプか見極める

婚活してみたけれどうまくいかなくて、今も結婚していないという女性が、相談にやってきました。

「結婚しなかった理由は、相手の収入が低かったから」と聞いて、私はちょっと考えてしまいました。

彼女の価値観だからいいけれど、もし本人にある程度の度量があるなら、結婚して相手を稼げる人に育てることだってできるのです。

そこを考えないで、「稼げてない人なんだもの」と縁を切ってしまうと、候補者は相当少なくなりますよね。

あとは自分の資質。自分は男性をサポートして育てられる人なのか、お金持ちの男性をゲットする生き方なのか、自分はどちらのスタンスに向いているかを見抜くことが大事です。

どちらがいいとか悪いとかではありません。

もちろん「お金持ちをゲットする」のほうでもいいのです。

それから運をつかむという点でいうと、もし「お金のある人と結婚して手っ取り早く裕福になる」という生き方が流行っているなら、同じことをやろうとしてももう遅いかなと思います。

「逆張り」が正解。

世の多くの女性たちとは逆の方向を選んだほうがいいということです。

その男はお金のなる木なのか、見極める目を持ちましょう。

出会ったときはＩＴ社長だった。でも実は詐欺的なことやっていたとか、会社が傾いて倒産してしまったとか、そんなケースも珍しくありません。

逆に今はパッとしなくても、勉強してスキルアップしたり、いい転職先を見つけたりして、稼げる男に成長していく人もいるのです。

今の姿だけでなく、これから先のその人をイメージしてみましょう。

あとは彼を支えていきたいと思えるかどうか、そこも自分に確かめてみましょう。

お金持ちに縁のある女性の特徴

自分の今までの人生パターンを考えて、自分にお金を得る才能があると思えるなら、お金持ちと縁があるといえます。

もうひとつ、30代くらいまでに狙った男を落とせているかどうかです。

「この人！」と思える人が手に入らないなら、それは自分の何かがおかしいので、もっと心を豊かにする努力をしましょう。

笑顔やあいづちのタイミングはいい感じになっているか？　時代に合ったメイクをしているか？　服装は？　アロマをやたらとつけすぎていないか？

そんなふうに、自分でチェック項目をつくるといいですね。

意外なところでは、香りが原因で好かれない場合もあります。

人には、自分が知らず知らずのうちに発している香りがあるもの。

食べ物で体臭が変わって、好感度が上がったりも下がったりもするのです。

ニンニク好きだったら食べるのを控えるとか、たまにはオーガニックの高級食材を食べようとか、身体の中からいい香りがするような食生活に変えてみるのもいいでしょう。シャンプーのメーカーを変えたり、香りがきつい洗濯洗剤を、もっとナチュラルなものに変えたりするのもいいでしょう。

そうしたら、お金持ちの男性に好かれることもありえます。

現実的にはほめ上手、乗せ上手、あいづちがうまい、笑顔のタイミングがいいことが重要。

もうひとつ、「この女を抱きたい」と思わせられるかどうかです。

「えっ、私、そういうのは……」と、引かないように。生物学的に、男性にとってその女性を抱きたいかどうかはすごく大きなポイントです。

つやのない肌や髪、体型を隠すダボダボの服を着て、話し方や動作もなんだかガサツ。そういう女性に、男性がセックスアピールを感じますか?

ここで注意しないといけないのは、そういった努力をしているかです。努力を心がけていると、内面が美しく輝き、男性はセックスアピールを感じます。

もちろん、その努力の成果が出て、内面の豊かさにプラスして、「女性」という部分でもしっかりアピールできれば、鬼に金棒だということです。

玉の輿に乗れる女性ってどんな人？

玉の輿に乗れる女性、乗れない女性のオーラは確かに違います。

乗れない人の特徴、それは「玉の輿に乗るにはどうしたらいいですか？」と聞いてくる人です。そういう質問をすること自体が、NGなのです。

自分の心を変えないといけません。「ラクしてお金がほしい」ではダメです。

いいオーラは、表情、服のセンス（時代に合っているか）にも表れます。

無表情で「どうやったら結婚できるんですか」と質問してくる人には「私は何も悪くない。今の自分のままで幸せになりたい」という心理があります。

それは、今のままだからいい出会いがないということ。

そういうところを変えられれば良縁が来ます。

「玉の輿に乗りたい」と言う人の中でも、愛嬌やサービス精神があっていじりやすい人はOKです。こちらのツッコミに楽しんで返してくれる、気分を乗せようと、いいリアクションを取れる人は、玉の輿に乗れる素質があります。

そういうものを生まれ持っていない人は、まず自立心を持ちましょう。

すると、「自分がお金を稼がなきゃ、人に頼らずなんとかしなきゃ」と頑張っている中でつきあった相手が、結婚直前に実はお金持ちだったとわかるなどどいったことが起こります。そういう人は、お金の神様がお金持ちと引き合わせてくれます。お金持ちに好かれる性格になっているのです。

すごくきれいだけど結婚できない人たちは、どこかプライドが高すぎたり、まだいけると思っていたり、結局「自分が好きになった人じゃないとイヤ」という気持ちが強くて、人の愛に振り向けない人です。

愛してくれた人に向き合って、「この人の素敵な部分はなんだろう？」と恋をしたい自分から、人を愛せる感覚に変わった瞬間、きっとお金のある人や、社会的に成功する人と結婚できるでしょう。

健全な尽くす気持ち、相手の幸せを願う気持ちのある人が、お金のある人を引き寄せます。自分だけの幸せを願っていると、絶対にお金は来ません。

「何があってもこの人を支える。この人を幸せにしたい」という思いや「二人の幸せ」を願える人こそが、豊かな結婚生活をゲットできるのです。

「お金を受けとめる器」になる

人は、デジタルを介さなくても、実はその人のことを思うだけで、相手とつながっています。ふと、顔が浮かんだ人から連絡が来たり、連絡をしようと思った相手から急に連絡が来て驚いた経験は、みなさんあるでしょう。

相手に念を送ったり、何かを感じ取れる力はみんな持っているのです。

お金のことを考えるのも、お金とつながる手段になります。

でも、「お金ほしい！　お金、来て！」なんて思うと逆効果です。

お金が「あそこへ行ったら気分がいいな」と思うような自分にならないといけません。きれいなお金を稼いでいる人たちには、いいお金が集まります。

ちょっとダークなことをやって稼いだお金は、負の気をまとっているので、絶対にお金が逃げ出すようなことが起きます。

「あの人のところに行ったら、自分と同じのタイプの健全なお金たちがいる。自分も行きたい」とお金に思われるように行動していくことが大切なのです。

お金とつながるには、自分が呼ぼうと考えないこと。お金を受けとめる、いい器になることです。そうしたら勝手にやってきます。

では、どんな人がいい器になれるのでしょうか。

まず、人をうらまず、環境の悪さをうらまず、そこから抜け出すためにできることをやっていく人。人にしてもらったことに感謝する気持ちを持っている人。まわりに自分が必要とされるようなことを考えて生きている人。自分の利益だけでなく、みんなのために頑張れる人。「私が私が」になっていない人。

そういう心構えがあると、いずれ、いい器になってお金がやってきます。

付け加えると、ガツガツしている人だけでなく、「この本に書いてあることをやったけどダメだった」とか、自分の成果が出ないときに人に怒りをぶつける人も、お金に愛されません。

人のせいにせず、「自分のこういうところがよくなかったんだ」と反省、あるいは分析し、考え方を変えることで、お金に愛されるようになっていきます。

まれに生まれつきお金に愛される天才もいますが、普通の人は人間性を磨く努力をすることで、お金のいい器にならないといけないのです。

友人間で貸し借りは禁物

友人にお金を借りるのは、金運を下げる行為です。

だいたいが口約束で、ちゃんとした契約書をつくらないので、返済が延び延びになったりしがち。

小さい金額をちょっと借りるのも、あまりよくはないけれど、しかたないときもあります。

でも、基本的に少しでもトラブルになる可能性があることは避けましょう。

すぐ返すつもりで借りたら、会えなくて何ヶ月も経ってしまったなどの場合は、相手の念が来たりするのでよくありません。

恨みというほどでなくても、人にモヤモヤした感情を起こさせることは自分の運を下げます。

友達や知り合いにお金を借りるのはラクですが、そういうことをするから金運がないのです。

自分の責任でローンを組んで、はじめてハングリー精神が生まれるもの。ローンを組む覚悟がその人を強くしたり、「そうか、そこまでするんだね」ということでお金が見守ってくれるようになります。

真っ当に返していけば、その努力を認めて報いてくれるはず。

利子もはっきりしない、あいまいなお金の貸し借りなどしたら、金運が下がるもとです。

そこに覚悟がないからです。

「覚悟を持ってお金と真剣な恋愛をしないといけません」とお伝えしたいです。

ただし、とびぬけた成功者の場合は別です。

そういう人たちはみんな、お金を信者としか思っていません。

「一方的に愛されて当然」という感じなので、彼らには、自分からお金の恋人にならなくても、勝手にお金が集まってくるしくみができています。

普通の人間にはマネのできない芸当です。

成功者たちのメッセージに耳を傾ける

少年漫画って、だいたい主人公よりも敵のほうが強いですよね。

でも、「みんなで協力すれば最後には勝つ」ということや、「感謝と恩返しをしっかりしよう」ということを、作者が教えてくれています。

自分の利益のためでなく、楽しみや純粋なことを追求している人に、人はついていきたくなります。そうして気づいたらたくさん人が集まって、経済も心も豊かになる。奇跡もそういうときに起きるのです。

歴史上の人物、たとえば武田信玄には強力な城はなかったけれど、「武田二十四将」と呼ばれるようないい家臣に恵まれて、鉄壁の守りができていました。

歴史書を読まなくても、誰にでもわかりやすくそれを伝えてくれるのが漫画です。漫画の主人公の生き方は、幸せになれる生き方として正解です。

「そうならないといけないよ」という漫画のメッセージを受けとめましょう。

家族の運を守るための「身代わり」を持つ

家族は一個の組織です。そのメンバーの中で運のやりとりをしています。

まず父親がお金を稼いで運を使います。子どもが大きくなって独立すると、子どもたちが運を使うようになって、親が体調を崩したり、仕事が傾いたりします。ペットがいればペットの具合が悪くなったりも……。

ニュースを見ているとわかりますが、芸能人も、ブレイクすると両親や祖父母のどちらかが亡くなったりするケースがあります。これは、家系が運を受け渡しているために起こる現象なので、受けとめるしかないのです。

親が仕事で華々しく成功したりして運を使っている場合、子どもがずっと自立しないで、すねをかじることも珍しくありません。

親自身も、子供の可能性をつぶしてしまいます。親が満足な生活を送るために子どもがいけにえになって、運を吸われているのです。

また、今の日本では夫婦で共働きの家庭が6割を超えているそうですが、夫

婦が2人とも働いていてどちらかがうまくいくと、どちらかの仕事が不調になったりします。両方とも成功してしまうと、息子や娘がぐれたりします。昔の人はそうした家族の災いを避けるために、金魚を飼ったりしていました。

基本的にペットは家族の一員でもありますが、身代わりになってくれることもあります。しっかりと愛情を注いで、ペットの幸せのために生きる気持ちを大切にしましょう。

ちなみに私はエビを飼っています。全体としては繁殖してどんどん増えていて、種の繁栄に役立っているので運がよくなっていると感じます。

水槽の中で死んでしまったのを見つけたら、自分の不運を持っていってくれたのかなと思ったり、自分のお金の使い方がよくないからかなと考えたりするなど、そこに理屈を求めることがお金に愛される秘訣かもしれません。

生きた植物も部屋に明るさや喜びを与えてくる一方で身代わりになってくれます。とくに、生命の循環の短い生花が助けてくれます。飾ってすぐに枯れてしまったら、家族の代わりに不運を引き受けてくれたのだと感謝しましょう。

先祖や過去の偉人に感謝の念を送る

「我が家はずっと運がない」という場合は、何代か前の先祖がしでかした不始末のツケを払わされている可能性があります。

それを直すには先祖を責めるのではなく、「苦しいですけど、一族をここまで繁栄させてくれてありがとう。もしそちらに行けたら会いたいです」と念じること。

人の思いは時空を超えるので、先祖は時間軸の中で何かを感じるでしょう。**思いを馳せることでその先祖の考え方に変化が生まれて、人に感謝されるようなことをするかもしれません。**

親が子どもに「おじいちゃんたちはすごい商売をしてたんだよ」と話せば、子どもは頑張って成功して、「自分はあの人の子孫だから成功しているんだろう」と思い、そのことで、過去にいるおじいちゃんも、もっとうまくいくかもしれません。

そして、悪いものを断ち切ることができます。

私たちも未来の子孫たちのために、自分の代で運を使い切らないようにしたり、世の中に貢献する生き方をしたりすると、未来の子孫が私たちに感謝の念を送ってくれるようになり、それによって私たちの運がよくなっていきます。

先祖でなくても、過去の偉人に感謝すると同じことが起こります。

たとえば薩長同盟をまとめた坂本龍馬などといった人を尊敬して感謝すると、気の交流がおこなわれて、その時代でますます頑張って運をこちらに落としてくれるでしょう。

サイエンスの世界でも、タイムトラベルが研究されていますが、我々には「時空を超えた気の交換」を感じ取れる能力があるので、そこを呼び覚ましましょう。そうすればお金に困る生活にはなりません。

未来の地球を想像して、「幸せになっていてほしいな」と思いを伝えるのもいいと思います。そうすると未来人が感じ取って、運をくれるでしょう。

星に思いを馳せれば、星のエネルギーも運をくれます。やがて星を超えて、宇宙人とも交流できる時代がやってくるかもしれませんね。

COLUMN6

Loveちゃんのおかげで、
金運アップしました！⑥

ヘアスタイルを変えて望みどおりに結婚！

～ハイスペ男子と結婚した女性の場合～

お金持ちと結婚して幸せになるには、女性はきれいでいることも重要ですが、それよりも尽くせる人であるかどうかが重要です。

自分が第一ではない、相手を支える気持ち、二人で幸せになる気持ちがないと長続きしないでしょう。

それをふまえたうえで、外見で結婚運を上げる方法も使ってみましょう。

昔の知り合いで、「仕事はうまくいっているけど結婚できない」と悩んでいる女性がいました。

彼女はそのとき、おでこを出したヘアスタイルだったんです。

おでこを出していると仕事運にはいいのですが、我が出やすいので、私は

「前髪をつくったら?」とアドバイス。

彼女がその通りにしたら、なんとそれから2週間後に、素敵な人と結婚してしまいました。

でも、「おでこさえ隠せば結婚できる」という単純な話ではありません。

自己主張があまりできない人は、逆におでこを出したほうが、仕事も結婚もうまくいったりします。

自分はどちらのタイプかを考えてみることが大事です!

Message 3

from Love Me Do

あなたはお金と両想い？　それとも片思い？

恋愛では、いくら相手を好きになって追いかけても振り向いてくれないときは振り向いてもらえませんよね？

気になる存在でいないと、相手に興味を持ってもらえません。

お金も同じです。どうやったらお金に興味を持ってもらえるかを考えてみてください。

周りの人から感謝される生き方をしてみましょう。そして、人から信用されるような存在になってください。

人から信用されれば、大きな仕事を任されたり、周りに人が集まってきます。

そうすれば、お金のほうも、「この人は信用できる！」「だから遊びに行こうかな」と考えてくれます。

信用＝金運です。

おわりに
「お金」のとらえ方を変えるだけで、人生は変わる

ここまで、お読みいただき、ありがとうございました。

私なりに学んで、自分で実験もして、培ってきた『金運大全』、少しでも、あなたのお役に立てたならうれしいです。


お金は、人を不幸にも幸せにもします。

社会に出て稼ぎはじめて、まとまったお金が入ると、つい調子に乗って使い切ったりしますよね。

「お金はこんな簡単になくなっちゃうんだ」と思ったことは、誰しもあると思います。

そういう経験をふまえて、「このお金をここに使ったほうがいいのか？　悪いのか？」といったことを、人は学んでいきます。

好きな人や家族に愛情を注ぐように、お金にも愛情を注ぎましょう。

でも、ただお金があるから幸せかというと、そうともいえません。

お金で幸せを買える人もいるかもしれませんが、お金で幸せを買えない人だっています。

お金のために友情や愛する人を失う人もいるだろうし、お金を得たおかげで愛する人や友人や仲間を手に入れた人もいるでしょう。

お金に対するほんのちょっとした考え方で、人を味方にしたり敵にしたり、ケンカになったり友情が芽生えたり……。

お金と運は似ているのです。

紙幣という形あるものだったり、電子マネーという画面上の数字だったりといった違いはあるものの、お金はやはり生き物。

捕まえようとするほど、管理ができなくなって逃げていきます。

放し飼いにすればするほど、自分からどんどん離れて野生化してしまうでしょう。

だから、お金と自分との距離感が大事です。

お金＝もうひとりの自分だと思って、ちゃんと向き合える、幸せな人生をつくっていってください。

お金の価値は、あなたが生きた人生の幸せとイコールです。

あなたが幸せであれば、きっとあなたはお金とうまく生きられるでしょう。

お金を求めて多くを失う人生もあるし、「お金がないけど幸せだ」と思える人生もあります。

だから、どうかお金に振り回されすぎないで！

お金がないと生きていけないし、大事なのは間違いないけれど、本書を通して、よりよいお金とのつきあい方を考えてもらえたら、そして、あなたの人生に少しでも貢献できたらうれしいです。

あなたがこの本に使ってくれたお金が、いい投資だったと思える１冊になっていますように。

最後まで読んでいただいて、ありがとうございました。

Love Me Do

金運大全（きんうんたいぜん）
仕事運、財運、勝負運が上がり、たちまちお金がやってくる160の方法

2021年 1月31日　初版発行
2022年11月24日　3刷発行

著　者……Love Me Do
発行者……塚田太郎
発行所……株式会社大和出版
東京都文京区音羽1-26-11　〒112-0013
電話　営業部03-5978-8121／編集部03-5978-8131
http://www.daiwashuppan.com
印刷所……信毎書籍印刷株式会社
製本所……株式会社積信堂
装幀者……金井久幸（TwoThree）
装画者……東口和貴子

ISBN978-4-8047-6364-4